KB120067

당신의
행복지도를
그려라

당신의 행복지도를 그려라

초 판 1쇄 2023년 04월 17일

지은이 노애정
펴낸이 류종렬

펴낸곳 미다스북스
본부장 임종익
편집장 이다경
책임진행 김가영, 신은서, 박유진, 윤가희

등록 2001년 3월 21일 제2001-000040호
주소 서울시 마포구 양화로 133 서교타워 711호
전화 02) 322-7802~3
팩스 02) 6007-1845
블로그 http://blog.naver.com/midasbooks
전자주소 midasbooks@hanmail.net
페이스북 https://www.facebook.com/midasbooks425
인스타그램 https://www.instagram/midasbooks

ISBN 979-11-6910-210-0 03190

값 **16,800원**

미다스북스는 다음세대에게 필요한 지혜와 교양을 생각합니다.

그 누구도 행복을 빼앗길 이유는 없다

Happiness **MAP**

당신의
행복지도를
그려라

노애정 지음

미다스북스

"최고의 나,

멋진 엄마를 만들어 준

사랑하는 딸 Vasylika, Sonya & Sejin에게

이 책을 바칩니다."

프롤로그

얼마 전 〈웨이스티드(Wasted)〉라는 연극을 보았다. 환경에 관련된 이야기일 거라고 생각했는데 전혀 다른 내용이었다.

"그냥 써!" "종이 위에 너의 빌딩을 지어!"

『폭풍의 언덕』을 쓴 에밀리 브론테, 『제인 에어』를 쓴 샬럿 브론테 집안 형제자매가 책을 쓰고 작가가 되기까지의 동기와 일련의 과정을 보여준 연극이었다.

19세기의 영국, 남성우월주의 시대에 살았던 세 자매가 책을 내는 성공 이야기다. 어려운 가정 형편과 시대적 편견에 맞서 연속된 실망과 좌절을 했다. 대사와 노래로 전달되는 강력한 메시지는 나에게 강한 동기 부여가 되었다. 주저하는 나에게 손을 뻗는가 하면 자신 없는 나에게 호통을 치고 혹은 속삭임으로 지금이 기회라고 말을 했다. 내 인생의 색다른 행복지도를 그리는 데 망설일 이유가 없었다.

나는 1980년대 중반, 조용하고 책임감이 강한 맏딸로서의 운명과 소임을 박차고 한국을 떠났다. 간호사라는 직업은 외국으로 갈 수 있는 최고의 직업이었다. 사우디아라비아에서 적응을 못 하고 1년 만에 유럽 배낭 여행으로 공항 탈출을 했다. 무모한 청춘으로 드넓은 세상이 있음을 알았다. 순종하는 삶을 살았지만 그다지 미래가 보이지 않았던 나는 성적 순대로 살기 싫다며 다시 호주로 건너갔다. 내 멋대로 살고 싶었다. 시집 갈 돈을 다 털어 호주 유학을 하며 간호 전문대의 꼬리표를 뗐다.

남자친구인 그리스계 호주인은 내가 꼽는 모든 외모와 조건이 갖춰진 데다 일 잘하는 성실한 상남자였다. 아버지의 반대에도 홀로 용감하게 결혼했다. 가족을 끔찍하게 생각하는 남편과 꿈같은 결혼 생활은 황홀했다. 아무도 없는 외국에서 누구의 도움 없이 딸 셋을 낳고 키운 10년의 세월은 육아에 정신이 없었지만 처음으로 행복도 알았다. 그리고 마마보이를 따라 15년 동안 매주 시댁을 갔다. 내가 나를 돌아보기 전까지.

그리스와 호주, 한국의 문화, 음식이 다른 것은 사랑의 이름으로 어렵지 않다. 하지만 인종보다 더 중요한 것은 다른 성격이다. 또한 그 다름을 인정하지 않거나 못하는 상태가 되는 것에서 갈등은 시작된다. 사랑은 상대방을 존중하는 데서 이어진다.

완벽주의자이고 성실한 남편에게 의존하며 갑의 권력을 자연스럽게 습득할 수 있도록 내가 허락해준 꼴이 되었다. 나는 낯선 외국 땅에서 육아와 살림, 직장까지 엄청난 일을 해내기도 벅찼다. 점점 목소리를 잃게 되고 남편의 기분에 좌지우지되는 꼭두각시 삶이 되었다.

평화로운 마음의 갈망과 마주하기 힘든 고통에 대한 저항은 만성이 되었다. 고통을 떠안으며 나를 연민으로 보듬어주기를 20년 동안 품고 있었지만 아무 일도 일어나지 않았다. 아니, 일어나지 않게 온갖 몸부림을 쳤다. 나를 방어하느라 모든 에너지를 다 써버리며 우울증이 심해졌다. 급기야 극심한 스트레스로 단기 기억상실증도 두 번이나 겪었다. 더하여 척추 협착증으로 육체적인 제한때문에 간호사 일을 그만두어야 했다. 나는 요양원 사업을 피난처로 시작했고 모든 열정을 불태우며 이혼을 늦추기도 했다.

자존심이 강한 남자에게 "더 이상 존중하지 않는다."라는 말 한 문장으로 독립 선언은 충분했다. 그게 끝이었다. 빈손으로 들어갔듯이 빈손으로 나와 차박을 시작하면서 집 밖의 산소가 더 청정했음을 깨달았다. 목소리와 성을 찾은 나는 대한의 딸이 되어 정체성이 회복되었다.

일은 저질러야 진행이 된다. 알맞은 때는 없다. 멈추어야, 속도를 늦추어야 방향을 제대로 꺾을 수 있다. 3.5톤짜리 중고 화물차를 사러 간 날 모든 일이 시작되었다. 코로나19 발병처럼 거리두기를 해도 바이러스가 전염이 되듯 나의 꿈의 실현은 멈출 수가 없다. 상상만 하던 캠핑카를 직접 디자인을 하고 모든 것이 구비된 캠핑카를 만들었다. 남편과 함께 하고 싶었던 꿈에 혼자서 도전했다. '호주 대장정'을 1년 동안 24,000km,

세계에서 6번째로 큰 나라를 돌며 밴 라이퍼 생활을 했다. 세계여행을 하며 여행 작가로 사는 꿈을 이루기 위한 여정이 시작된 것이다. 내가 그릴 제3막의 행복지도가 흥미로워진다.

사랑의 이별은 아무리 준비했다고 해도 고통스럽고 이기는 과정은 매우 험난하다. 이혼은 잘못도 아니고 감출 일도 아니지만 건강한 결혼 생활을 하도록 부부가 함께 소통하는 노력이 필요하다. 자신을 사랑해야 하고 목소리를 내야 한다. 내 마음의 주인이 되어야 남편도, 부인도 나를 존중한다. 나답게, 멋지고 당당하게 살아야 한다.

노애정

목차

5장   행복에도 전략이 필요하다

6장   행복을 끌어당길 인간 자석이 되라

Happiness MAP

1장

행복으로
가는
첫 번째
갈림길

당신의 가슴은 뛰고 있는가

한국을 떠나면서 시작된 20대 후반의 삶은 다이내믹 그 자체였다. 나는 도전을 두려워하지 않고 내 삶을 주도하는 당당한 청년이었다. 내가 원하는 새로운 일을 할 때 느끼는 짜릿한 설렘을 즐겼다. 그동안 소심하고 말 잘 듣는 나의 인생 1막은 부모의 그늘과 사회가 정해 놓은 틀 안에서 살았다. 주어진 숙제만을 하던 수동적 삶이었다. 부모 형제를 떠나 비행기를 타면서 모든 구질구질한 책임, 희생을 벗어놓고 떠났다. 내 안의 어떤 잠재력이 있는지 다 뒤집어보고 싶었다. '다른 나'는 과연 만들 수 있는지의 두려움보다 끓어오르는 혈기와 비장한 결심으로 처음 타는 비행기도 신기하지만은 않았다.

"What's the time now?(지금 몇 시입니까?)"

"It's quarter to ten.(10시 15분 전입니다.)"

인터뷰어(interviewer)의 질문에 나는 대답했다. 한국 해외공사에서 사우디아라비아 해외 파견을 위해 간호사들을 인터뷰하고 있었다. 얼마나 한국 사람들의 영어가 엉망이었는지 아니면 한 사람이라도 파견시켜야 해서인지는 모르겠다. 영어 인터뷰를 보기 위해 줄을 선 간호사들을 붙들고 공사 쪽 직원이 순간 족집게 과외를 시켜주고 있었다. 그렇게 몇 개의 질문에 가르쳐준 대로 대답하고 나는 통과되었다. 이제 아버지한테서 신원 보증만 받으면 갈 수 있었다. 하지만 아버지는 절대로 해외에 가지 말라면서 보증을 서주지 않으셨다. 엄마는 중간에서 심란하셨는지 점집에 가서 물으셨다. 무당도 나를 도와주지 않았다. 보란 듯이 무당의 점이 틀린 것을 증명해주겠다고 큰소리를 치며 무시했다. 그래도 속으로는 떨리기도 하고 찜찜하기도 했다. 몇 년 후 엄마는 나에게 고백하셨다.

"날개를 벌써 활짝 펼쳤으니 말려도 소용없어요." 무당이 오히려 엄마를 말렸다고 했다. 6남매의 장녀로 태어난 나는 간호 전문대학을 졸업하고 간호사가 되었다. 연애 한 번 제대로 해보지 못한 모태솔로였던지라 엄마는 매주 선 자리를 주선했다. 졸업 후 첫 직장이었던 대학병원에서 2년 차가 되었을 무렵부터는 결혼에 대한 압박이 두드러졌다. 맞선이라는 것이 만남부터 결혼을 전제로 얘기하던 시대라 양쪽이 마음에 들면 한두 달 안에도 결혼해야 했다. 병원에서 목소리 좋은 레지던트를 짝사랑하고 있는데 엄마가 보여주는 남자들이 눈에 들어올 리 없었다. 어영부영 있다가는 엄마 스케줄에 움직일 것이고 어떤 사내에게 낚아채일 줄 모르는 이 위험한 상황에서 벗어나고 싶었다.

역행자가 되기로 했다. 끝날 것 같지 않은 이 굴레에서 벗어날 수 있는 절호의 기회를 절대 놓치고 싶지 않았다. 내가 기억하는 한 그때가 처음으로 부모님 말씀을 거역한 것이었다. 주변에 어른을 찾다가 큰이모부에게로 달려가서 신원 보증을 받았고 그로부터 얼마 후 난 한국을 떠났다. 공항에 배웅하러 나온 부모님은 울었고 나는 웃었다. 뒤도 돌아보지 않고 떠났다. 그리고 1년 동안 전화 한 통, 편지 한 통을 쓰지 않았던 이유는 엄마의 한마디에 나의 마음이 무너질 수도 있었기 때문이었다. 철저히 몸과 마음으로 거리두기를 하는 동안 엄마는 채워지지 않는 상실감으로 하나님을 만나셨다고 했다. 사우디에서의 간호 생활은 딱 1년으로 충분했다. 간호라는 행위는 한국에서의 연장이었지만 사우디아라비아 환자들과 언어적, 문화적, 종교적 차이가 엄청난 충격으로 다가왔다. 심리적으로 갇혀 있다는 압박감에서 생긴 폐소공포증(claustrophobia)은 사우디를 떠난 후 꿈에서도 갇히는 적이 몇 년간 지속되었다.

단 1년의 외국 생활인데도 돌아온 한국 생활은 예전 같지 않았다. 우물 안 개구리가 우물 밖에 나가면 쉽게 우물 안으로 들어가지 못한다. 끊임없는 호기심은 결국 기회를 만든다. 나에게는 늘 전문대를 다녔다는 콤플렉스가 있었다. 마침 호주 대학에서 한국에 홍보를 온 세미나에 참석하게 되었고 이것이 학사 학위(bachelor)를 딸 절호의 기회인 것을 알았다. 사우디에서 번 돈으로 결혼자금을 모아놓으신 엄마를 설득해 1년 치의 학자금으로 통 크게 써버렸다. 콤플렉스가 컸던 것인지 아니면 외국 생활의 로망이 컸던 것인지는 중요하지 않았다.

한국에서의 졸업 후 등록 간호사와 간호사의 경력을 인정해 다행히 뉴캐슬(Newcastle) 대학에 4학년으로 편입할 수 있었다. 간호사 코스는 3년으로 끝이다. 다만 졸업을 위한 마지막 관문은 인턴처럼 1년간 각 과를 도는(graduate course) 간호사 실습까지가 의무다. 바첼러(bachelor) 코스는 석사가 되기 위해 하는 것으로 좀 더 학문적이라고 보면 된다. 미흡한 영어라도 따라갈 수 있었던 이유는 간호학의 지식이 있었기 때문이었을 것이다.

호주 멜버른에 먼저 온, 사우디에서 만난 선배가 내가 사는 뉴캐슬에 편지를 보내왔다. 한국말을 배우고 있는 멋진 그리스 남자를 소개해주고 싶다는 내용이었다. 사진도 오고 가지 않은 순수한 펜팔은 넉 달이나 되었다. 남자친구가 귀엽게 한국말을 쓰면 그것을 복사해서 빨간 펜으로 고친 것과 나의 허접한 영어를 같이 보내주었다. 그도 꼭 같이 나의 것을 복사하고 고쳐서 부쳐주었다. 그러던 어느 화창한 5월, 그가 찾아왔다. 펜팔로는 익숙한 관계였지만 실물은 처음 보는 것이라 엄청나게 설레고 긴장했었다. 멋진 옥색의 차에서 내린 그는 눈부셨고 우리는 첫눈에 큰 호감을 가졌다. 먼 길 오느라 아버지 차를 빌렸다는 굳이 안 해도 되는 말을 하는 솔직함도 좋았다. 그는 내가 좋아하는 상남자였고, 나는 그의 귀여운 꼬맹이였다. 주말에만 볼 수 있는 장거리 연애가 시작되었다. 멜버른과 뉴캐슬의 1,000km나 되는 거리를 우리는 격주로 비행기로, 차로, 기차로 날아다녔다. 남자친구는 금요일에 일을 마치면 곧바로 차를 타고 멜버른을 떠나 밤새 운전하고 오면 토요일 새벽에 도착했다. 내가 멜버른에 가는 것은 더 큰 모험이었다. 뉴캐슬에서 금요일 학업이 끝나자마자 택시로 기차역에 가서 2시간을 타고 시드니 공항까지 갔다. 그곳에서 1시간 20분 비행기를 타고 멜버른에 도착하면 밤이 되었다. 어떤 땐 시드니에서 밤 기차를 타고 밤새 추위에 떨며 다음 날 아침에야 도착했어도 서로 부둥켜안을 수 있어서 행복했었다.

유일하게 나의 밥벌이로 한 아르바이트는 한국 식당에서 한복을 입고 서빙을 하는 것이었다. 그러다 보니 주말마다 알바를 빠지게 되고 집주인 눈치가 보여 잘리기 전에 맘 좋게 친구에게 물려주었다. 남자친구가 미안했던지 얼마간의 생활비를 보내주었고 난 이런 남자 세상에 다시없을 거라 믿었다. 난 단단히 미쳐갔다. 게다가 장거리 연애로 쉽게 만날 수 없으니 우리는 애가 탔고 떠날 때마다 많이 아쉬워했다. 주중에는 너무 보고 싶어 전화통에 매달려 살았다. 전화요금이 할증되는 밤 10시를 기다리는 것은 또 다른 고통이었다. 나중에 국제결혼 할 때 기차표, 비행기표, 전화세 모두 증거 자료로 충분했다. 그러다 남자친구는 회사에서 해외 출장이 있다고 했다. 같이 가고 싶다고 했다. 하지만 1년 동안의 학생비자로 나갈 수는 있어도 들어오는 것이 문제가 되었다. 당시에 나는 졸업 후 미국으로 간호사 취업을 위해 시험 준비도 같이 하고 있었으니 학생비자를 연장해서 받고 싶지는 않았다. 그런데 그가 뜻밖의 제안으로 결혼 프러포즈를 했다. 결혼은 비자 문제로 해외를 드나드는 것은 물론이고 내가 미국에 가지 않는다는 두 마리 토끼를 한 방에 끝낸 기가 막힌 기획이었다. 그가 출장을 내 학업이 끝나는 때로 미룰 테니 9월 방학 때 결혼해야 시간을 벌 수 있다고 했다. 어디 주저할 일인가. 무조건 "Yes, Yes!"였다. 아~ 이 얼마나 가슴 떨리는 일이었던가! 9월 방학이 시작된 날 밤, 멜버른에 도착했고 다음 날 토요일 결혼반지를 사고 몇 주 전에 눈여겨보았던 하얀 투피스와 모자를 준비했다.

그리고 드디어 결혼식 날!

아침 일찍 일어나 샤워하고 준비하려는데 마음이 초조했다. 차라리 준비된 미장원이나 웨딩플래너가 있었더라면 훨씬 덜 긴장했을 것 같았다. 하지만 우리의 결혼은 초고속, 초미니였다. 다행히 나와 남자친구는 허례허식을 좋아하지 않는 실질주의자, 무신론자였다. 결혼 신고소에 마련된 작은 방에서 주례사가 서약받고 증인을 세워 사인을 하고 끝이 났다. 남자친구는 직계가족이 축하해주기 위해 오셨지만 내 측에서는 딸랑 2쌍 부부가 전부였다. 아버지는 결혼도 반대하셨다. 사위가 외국인이라는 이유 때문이었다. 지금은 국제결혼이 흔한 일이지만 외국 가는 것도 흔치 않았던 때, 결혼까지 한다는 것을 고지식한 아버지가 허락해주실 리가 없었다. 부모님께는 죄송했지만 결혼해서 잘 살면 언젠가 부모님도 이해해주실 거라 믿었다. 피로연은 시댁의 차고에서 준비되었고 전날 한국의 전통 음식을 보여드리고 싶어 해본 적도 없는 잡채도 만들었다. 결혼식 케이크는 동서가 손수 만들고 나의 부케는 남자친구의 대모가 해주었다. 다행히 아버지 몰래 엄마가 보내준 초록색 치마와 분홍색 윗도리의 한복을 입고 춤까지 추면서 씩씩함을 보였다. 남자친구의 어린 조카가 준 꽃다발만 아니었어도 나는 눈물 한 방울 흘리지 않았을 것인데 말이다.

나의 인생 2막의 세트장은 1장과는 완전히 다른 한국 밖이다. 나의 삶을 능동적으로 주관하는 주인이 되었다. 그동안 몰랐던 나의 진취적인 잠재력을 발견하고 성장하고 있다. 이제 나의 가슴을 뛰게 하는 멋진 외국인을 남자 주인공으로 맞이하고 행복을 방패로 불행을 막아내는 자신감 넘치는 결혼 생활을 시작하려 한다.

내 행복의 주인은 진정 나인가

"딸! 엄마가 아빠와 이혼하려고 하는데 너 생각은 어때?"

"……왜?" 큰딸이 물었다.

"안 돼!"

막내가 듣자마자 거침없이 뱉었다.

둘째에게는 물어보지 않았다. 대답은 뻔했기 때문이다. 그냥 말도 못하고 울었을 테니까. 세상에 이렇게 어리석은 질문을 아이들에게 한 적이 있다. 큰딸이 중학생, 막내가 초등학생이었다. 결혼 생활의 위기가 몇번 있었다. 자존심 강한 남편이 양육권을 쉽게 양보하지 않을 거라 짐작했기 때문에 애들의 반응을 보고 싶었다. 그 어느 자식이 부모의 이혼을 허락했겠는가. 금세 질문이 잘못되었다는 것을 알았다. 집안의 공기가 온탕과 냉탕으로 자주 변하는 기류를 감지할 만큼 애들은 컸고 우리의 행동과 감정에 이미 예민해 있었다. 이혼 생각을 애들에게 물을 일이 아니고 변호사에게 물어야 한다는 것을 깨달았다. 몇 년이 지나고 막내가 고등학생이 되어 그 질문을 잊지 않고 답을 했다.

"예전에 처음 물었을 때는 당장 엄마 아빠가 이혼하는 줄 알고 아주 두려웠는데 뭔 일이 안 일어나데! 그리고 이혼도 나쁜 거 같지 않아. 내 친구는 매 주말에 아빠 집에 가. 그것도 재미있을 거 같던데."

막내가 아주 구체적으로 대답은 했지만, 여전히 아이로서 생각할 수 있는 범위였다. 또한 그 질문이 얼마나 충격이었으면 그렇게도 곱씹었을까 생각하니 나는 참으로 우매한 엄마였다.

"엄마가 행복하다면 해. 엄마도 응원하고 아빠도 응원할 거야!"

대학생이 된 큰아이는 어른스러운 말을 했다. 나는 기대하지 않은 '정답'을 듣고 반듯하게 자란 큰딸이 든든하기도 했지만, 엄마의 행복을 생각해준 것에 더 감격해 나도 모르게 흐르는 눈물을 닦았다.

"당신은 어디 있어요?"

심리학자가 밑도 끝도 없이 물었다. 들어오면서 사무실 문에 쿵 하고 이마를 맞은 듯 나는 멍했다. 몇 초 동안 생각을 하는데 주르륵 눈물이 먼저 흘러 대답 못 하는 나를 모면해주었다. 결혼 생활이 길어지면서 나의 우울감은 만성이 되어가고 있었다. 위험한 불안장애 증세를, 아니 그냥 있으면 극단적인 선택을 할 수도 있겠다고 생각한 주치의가 응급으로 만나라는 심리학자였다. 그러니 너무나도 평범한 첫 질문에 당황했다.

"…어…. 이혼하고 싶어요."

도대체 아무 전후 설명도 없이 느닷없이 튀어나온 말이었다. 그녀는 두 손을 깍지 껴 무릎 위에 올려놓고 '짐 진 자들아 모두 내게로 오라!'라는 예수님 표정으로 나를 응시하고 있었다. 양팔만 벌렸더라면 가서 안길 뻔했다.

"왜 이혼하고 싶은 건가요?"라고 되물은 질문에도 내가 보인 반응 역시 눈물이었다. 아~ 지난 30년의 결혼 생활에서 나온 이 소망이 어디 한두 가지 이유로 깔끔하게 대답할 문제인가. 남편 앞에 맞서서 나의 주장을 펴야 할 때 설움에 받친 눈물이 앞을 가려 결국엔 비밀의 창고에 다시 쑤셔 넣곤 했었다. 심리학자는 노련하게 티슈와 휴지통을 내 옆에 가져다주고 조용히 나를 응시하며 기다려주었다. 내가 얘기를 하기 전까지 그녀는 아무 얘기도 하지 않을 태도였다.

매번 상담을 마치고 집에 돌아오면 더욱더 우울해졌다. 하지만 눈물의 맛이 달랐다. 우울감은 우울증으로, 우울증은 공황장애로 번졌다. 남편이 퇴근하기 한두 시간 전부터 시계를 보면서 그가 올 시간이 가까워져 올수록 안절부절못했다. 그러다가 결국은 커다란 가족사진을 붙여 둔 벽에 기대어 떨리는 팔다리를 모아 쪼그리고 앉았다. 그렇게 양쪽 눈주름

사이를 타고 나오는 눈물은 짠맛이었다.

하지만 심리학자 앞에서 흘리는 눈물은 '잘 살았다. 그동안.' 하며 유일하게 나를 이해해줄 사람 같았다. 엄마도 나를 이해하지 못했다. "여태까지 잘 살았는데 그냥 살지.", "그래도 구서방 같은 사람 없다, 일 잘하지, 돈 잘 벌지, 부모 잘 섬기지, 술 담배 안 하지. 그렇다고 바람을 피우냐? 그만하면 백점짜리 사위야."가 나를 위로하는 말이었다. 엄마는 꼭두각시의 삶을 절대 모른다. 목소리를 삼켜버린 나에 대한 연민의 눈물은 시큼씁쓸한 맛이었다.

반복되는 치료 상담은 계속 '나는 누구인가?'를 떠오르게 했다. 그동안 외국 시부모님의 며느리로, 부인으로, 애들의 엄마로, 돈 버는 일꾼이라는 일인 다역을 하면서 내가 '나'라는 생각은 까맣게 잊고 살았다. 이 맛도 저 맛도 아닌, 알 수 없는 나의 존재가 가여웠다. '내가 나 맞나…?!' 자존감은 바닥을 쳤고 자괴감은 심장을 뚫고 눈물샘을 마르게 했다. 몇 달 동안 이어진 상담은 '나를 찾아라.'라는 강한 메시지로 나의 정체성을 끌어내는 혼돈의 시간이었다.

"처음에는 분노로 시작된다. 표출할 수 없으니 화가 쌓인다. 그러다 나의 잘못으로 인정하면서 우울감이 온다. 이혼만이 살길이라 생각한다. 헤어질 마음으로 내가 가질 물건 목록, 남편에게 줄 목록들을 적지만 우울증이 발전하면 애들이 제일 걱정이 된다. 미안한 것은 차치하고라도 불쌍하고 가여워진다. 남편이 '애들은 끝까지 지킨다'고 농담처럼 얘기한 것이 나의 뇌리에 아로새겨져 있다. 엄마 없는 애들, 애들 없는 엄마는 못 할 짓이다. 희생하기로 한다. 그러다 우울증이 더 심해지니 애들도 더 이상 중요하지 않다. 나도 싫다. 자기 존재가치를 의심하고 의미를 찾지 못하고 놓아버릴 수도 있겠다는 생각까지 하게 된다. 그래도 부인으로서, 애들의 엄마로서 행복하고 탄탄한 가정을 만들려고 무진 애를 쓰다 죽으면 차라리 명예로운 전사처럼 될 수 있지 않을까?"라는 비극적인 시나리오는 딱! 결혼 10년째부터 시작된 인생 2막의 한가운데이다.

결혼 7년 차부터 10년 사이 이혼의 확률이 높다는 통계가 있다. 전문적인 통계자료를 떠들어 보지 않아도 적극적인 동의에 한 표를 던진다. 결혼하고 애들을 낳고 정신없이 살다가 아이들이 학교에 들어가기 시작하는 무렵이다. 그때부터 엄마들은 한시름 놓고 아이들이 학교에 가 있는 시간에 혼자만의 진정한 여가를 즐길 기회가 생긴다. 안 올 것 같은 평화가 오고 거울 앞에 앉는다. 그때서야 싱글 때의 상큼 탱탱한 얼굴은 온데간데없고 후줄근한 옷차림에 구석구석 남의 살 같은 것이 들러붙은 자기 모습을 보게 된다. 여기저기 아이들 사진으로 도배한 집 안 어디에도 반듯한 나의 사진 한 장이 없다. 정신 차리고 여기저기 이력서를 넣고는 기함한다. 내 밑에서 신입 티를 내던 애가 과장이 되고 팀장이 되어 나를 인터뷰할 자리에 앉아 있다. 그래서 이런 모든 상황으로 몰고 온 주범에게 공손히 죄를 묻지만 나도 공범이라고 펄쩍 뛴다. 남도 다 그렇게 사는

데 유난 떨지 말고 살림이나 열심히 하라고 오히려 충고까지 받아봐라. 어디다 비비겠는가. 믿었던 남편이 이때 잘 보듬고 부인의 노고를 치사하고 인정해주면 보통의 여자들은 치유가 된다. 아니 훈장 단 영웅이 된다. 문제는 공감 능력이 없는 남편이 많다는 것이다. 연애할 때 모든 걸 들어주던 남자들이 결혼만 하면 나의 주인 행세를 한다. 얘기라도 들어주고 고개만 끄덕여줘도 되는 것을……. 함께 시궁창에 처박힐 말을 하면 안 된다. 불만의 심지로 뻣뻣하게 된 마른 꽃에 물 대신 자기가 피던 담배꽁초를 던져봐라. 그 가정이 불타버리는 것은 순식간이다. 권태기는 꼭 온다. 그때 부부가 사랑을 확인하는 기회로 삼지 않으면 돌이킬 수 없이 신뢰가 깨지고 사랑을 의심한다.

이성에 눈을 뜬 딸이 감정이 메말라가는 엄마를 일깨워준다. 내 행복의 주인은 나라고 말한다. 남편은 나의 행복을 만드는 조력자일 뿐이고 아이들은 나의 행복을 더 풍성하게 해주는 존재일 뿐이다. 사랑은 반드시 존중과 배려가 바탕이 되지 않으면 지속성이 없어진다. 실망은 신뢰를 잃게 하는 위험한 감정이다.

끝으로 '진정한 행복의 주인은 나'를 실천한 끝판왕을 소개한다. 알고 지낸 지인이 있다. 한국인 여자와 미국인 남자가 만나 결혼해서 딸이 하나 있다. 남자는 멜버른에 모 유명한 대학 교수이고 여자도 개성 넘치는 헤어 디자이너다. 아이도 똑똑해서 장학금을 받는다. 두 분의 성격도 비숫해서 자분자분하고 조용하니 세상 싸움 한 번 하지 않고 산다. 그런데 어느 날 남편이 뜬금없이 보따리를 싸서 나간다. '더 이상 결혼 생활이 행복하지 않다'가 이유란다. 여자가 생긴 것도 아니고 싸우지도 않았고 딸을 사랑하지 않는 것도 아니다. 모두 그 남자를 이해하지는 못했지만, 그 누구도 행복의 주인인 그가 내린 결정을 부정할 수 없었다.

03　　　내일 죽는다면 오늘 뭘 할 것인가

　아동 정신과 심리 치료 TV 프로그램으로 유명한 오은영 박사가 있다. 문제 아동들을 이해하고 바르게 인도하는 완벽해보이는 박사님과 꼭 같은 형상을 만들어 관에 넣고 실제 인물이 어떻게 반응하는지를 보는 기발한 프로그램이었다. 생각하지도 못했던 그녀도 관에 누워 있는 자신을 발견하고는 흠칫 놀랐다. 늘 앞만 보고 사는 사람들은 막말로 죽을 시간도 없을 만큼 달린다. 죽음을 본 오은영 박사는 늘 함께 지내던 사람들을 차례로 만났다. 늘 머리를 만져준 사람, 친한 친구들, 남편을 만나 연애하던 학교를 둘러보고 일하는 남편에게 전화해서 추억을 얘기했다. 어떤 유명인, 보통 사람들 모두 죽음 앞에 서면 아주 다르지 않았다. 더 이상 중요한 것이 없고 모든 것을 내려놓는다. 겸손해지며 남아 있는 시간에 순종한다. 소중했던 사람들을 뒤돌아보며 삶을 정리한다. 그럴 수 있는 사람은 그래도 행운이다.

가와무라 겐키의 『세상에서 고양이가 사라진다면』은 세상에서 무엇이 가장 소중한가를 말해주어 죽음에 대해 생각해볼 수 있게 했다. 영화로도 흥행이 되었던 좋은 소재와 주제를 질문으로 던진다. 죽음을 앞둔 주인공에게 주인공을 꼭 닮은 악마가 나타나 세상에 있는 무언가를 없애면 그 물건 하나당 하루치의 생명을 주겠다는 제안을 한다. 삶의 마지막 일주일간 첫사랑이, 때로는 엄마가, 때로는 아버지가 세상에서 사라질 때마다 아름다운 추억을 더듬고 후회하면서 마지막 추억여행을 한다. 만약 당신이 이 세상에서 사라진다면 세상은 어떻게 변하고 당신을 아는 분들은 당신을 어떤 존재였다고 기억할까.

"앞으로 꼭 10년 동안 살아야 한다면 이 세상 어디에서 살고 싶은가?"

"어~ 포르투갈, 그리스의 아름다운 섬 산토리니?… 아니다. 내가 가보지 않은 어느 아름다운 곳?" 가보지 않은 곳을 어떻게 알고 꼽겠는가.

"마지막 죽기 전에 먹고 싶은 음식은?"

"잡채와 김치찌개?"

작년 나의 생일날에 딸 셋과 고즈넉한 온천에서 2박 3일 주말을 보낸 적이 있다. 그곳에서 재미난 게임을 하면서 서로를 더 깊이 있게 알게 되는 계기가 되었다. 상대방의 대답을 추측하고 당사자의 생각과 맞추면서 얼마나 서로 잘 알고 있는가의 테스트이기도 했다. 처음으로 생각해보는 질문들이었고 미처 딸들을 잘 알지 못한 미안함도 들었다. 특히 어떤 질문은 '죽기 전'이라는 가정이었지만 게임이라도 신중하게 생각해야 할 것 같은 이유는 무엇이었을까. 언제고 닥칠 그날은 올 것이고 한 번쯤 생각해볼 것들이라서 일까. 사실 회의적으로 생각하면 '내일이면 죽을 몸, 어디 살면 어떻고 무엇을 먹은들 뭣이 중할까.'라는 생각이 들기도 했다. 내일이면 '나'라는 존재가 이 세상에 존재하지 않는다는 것과 '나'라는 생명체가 쓸 시간이 없다는 생각에 하루라는 존재가 엄청나게 소중했다.

별거 1년이 끝나고 합의 이혼이 성사되면서 가장 먼저 변호사를 찾아갔다. 유언장을 고치기 위해서였다. 자필증서, 녹음 공정증서, 비밀증서 등 여러 형식과 절차가 있겠지만 변호사에게 원하는 바를 얘기하는 편이 제일 확실하고, 안전하고, 무엇보다 손쉬워서였다. 몇 년 전 해외를 나가기 전 남편과 같이 유언장을 만들었지만, 그것은 둘의 이름이었으니 더이상 유효하지 않았다. 호주에서 치러지는 유언장의 형식은 두 가지로 나뉜다. 하나는 재정적인 부분과 다른 하나는 의료에 대한 것이다. 복잡할 만큼 많은 부동산, 동산, 현금을 가진 것이 아니어도 아이들이 꼭 같이 3분의 1로 나누라고 법적으로 깔끔하게 명명해놓았다. 나의 죽음에 대해 원하는 바는 뇌사를 기준으로 원치 않는 삶을 연장하지 말 것이며 화장해서 바다나 대기로 돌아가는 것이다. 갑작스러운 죽음에는 장기 기부를 하는 것이다. 혹여 치매가 와서 정신이 온전치 않을 때를 고려해 나의 의료 권한 위임은 누가 할 것인지를 딸들에게 물어 위임장을 썼다. 원본은 변호사가 보관하고 파일은 아이들 셋과 내가 공유했다. 끝까지 고귀하고 아름다운 마무리를 하기 위해서는 홀로서기의 가장 중요한 대목이다. 홀가분했다. 행여 있을 수 있는 아이들 간의 갈등을 없앨 수 있고 혼란에 빠지지 않고 질서 있게 슬퍼할 수 있을 것이다.

한 치 앞을 모르는 세상을 살고 있다. 생각만 하고 계획만 세우다가 준비도 없이 허송세월하면 안 되었다. 열심히 살자, 우선.

얼마 전 연합뉴스에서 서울대 통계자료를 바탕으로 죽음을 대하는 인식과 문화에 대해서 보도했다. 자신의 의지와 관계없이 10명 중 7명은 병원에서 임종한다고 한다. 많은 사람들이 이제는 좋은 죽음을 뜻하는 '웰다잉(well dying)'이라는 말을 한다. 심지어 예전에는 꿈에도 생각하지 못한 장례문화에 대해 홍보도 하고 장례식 보험도 들으라는 TV 광고가 낯설지 않다. '고통 없이 밤에 자다가 죽게 해 달라는 것이 나의 기도 제목'이라는 얘기를 엄마로부터 몇 번이나 들었다. 엄마의 죽음은 상상하고 싶지 않았으니 대충 건성으로 대답하고 넘어갔었다. 엄마는 잘 죽는 것도 따로 찬 복이 있어야 한다고 하실 만큼 인간은 끝까지 존엄하고 존중받기를 원하는 위대한 동물이다.

오래전 호주에서 한때 '안락사'가 법적으로 필요하다면서 이슈가 되었다. 간호사인 나의 임상 경험으로도 수많은 사람들이 견딜 수 없는 고통으로 죽지 못해 연명하는 것을 많이 봤다. 그래서 적극적으로 안락사를 지지했었다. 한때 자신들의 죽을 권리에 대해 다른 나라의 사례들을 다큐멘터리로 TV에서 보여주었다. 시청하는 내내 마음이 무거웠고 지켜보는 TV 속 식구들을 따라 급기야는 꺼이꺼이 같이 울며 가슴이 미어지는 경험을 했었다. 며칠을 나의 뇌 속에 저장이 되어 이따금 나의 가슴을 치고 가 내가 마치 상을 당한 느낌을 받은 뒤로 '반 안락사(anti-euthanasia)'로 변했다, 일단은.

죽음에는 자신의 의지와 관계없이 연명하다가 돌아가는 '나쁜 죽음'도 있다. 가족 없이 기계에 의존해서 원치 않는 삶을 살다가 죽음을 맞이하는 거다. 코로나 발병으로 많은 사람들이 나쁜 죽음을 맞는 것을 보고 인간의 존엄이 얼마나 중요한지를 새삼 깨달았다. 누구라도 마지막까지 품위를 지키기 위해 안락사를 원하는 환자들의 바람이 곧 나의 바람이다. 다행히 한국에서도 2022년 6월에 '연명의료 결정법' 개정안이 국회에서 발의되어 안락사가 합법화가 되었다. 내가 사는 호주에서는 주마다 법이 달라 안락사를 인정하는 주가 있고 어떤 주는 불법으로 되어 있다. 그래서 어떤 이들은 죽음 여행을 간다. 그 정도로 용기를 내는 이유는 참을 수 없는 고통을 안고 살고 싶지 않아서다. 그러니 삶의 질은 말할 것도 없다. 인간에게는 자기 자신의 마지막을 고귀하게 고통 없이 죽고 싶은 본능이 있다. 태어나는 것은 내 맘대로 하지 못하지만 죽음만큼은 극단적인 일을 하지 않는 이상 내가 원하는 대로 죽을 권리가 있어야 한다.

그날이 내일이라면 오늘 나는 뭘 할 것인가를 생각해봤다. 이미 유언 장은 써놓아 큰 숙제는 했으니 급하게 아까운 시간을 낭비하지 않아도 된다. 더 좋은 것은 유언장을 감정에 휩쓸려서 공정하고 냉정한 마음으 로 정리하지 못하고 빠트릴 일도 없을 것이다.

독자들이여! 빨리 숙제하고 홀가분하게 살라.

한 세상 함께하고 나를 알고 있는 모든 사람들과 나를 미워하는 사람 들도 초대하고 싶다. 그동안 사랑해줘서 고마웠다고 일일이 포옹하고 미 움을 줘서 미안하다고 용서를 구할 마지막 기회를 갖겠다.

그리고 편안한 마음으로 최후의 만찬 파티(last supper party)를 내 집 에서 '잘 살았노라'의 주제로 축하 파티를 하고 싶다. 내가 남길 이 세상 의 흔적들이 있는 사진, 동영상, 유튜브 동영상, 블로그에 남긴 글, 책들 을 집 곳곳에 영상으로 24시간 돌릴 거다. 나에게 주어진 삶을 나답게 살 고, 필요한 삶을 일구기 위해 당당하게 맞섰고, 멋지고 품위 있게 산 흔 적들이 부끄럽지 않았으면 좋겠다. 자손들이 내가 남기는 유언(legacy) 을 자랑스러워했으면 좋겠다. 음악은 예전에 막내딸에게 내 장례식에 '놀 라운 은혜(amazing grace)'를 색소폰 연주로 해 달라고 했었다. 그런데 마음을 바꾸었다. 잘 살고 가는 축하 파티에 어울리지 않는다. 슬픈 노 래는 내가 원 없이 살고 가는 찬란한 인생에 걸맞지 않을 것이다. 소울 (soul)이 깃든 삶의 노래를 비트에 맞추어 랩으로 부르는 것이 더 낫겠다.

마지막으로 모든 이들이 배웅하는 가운데 딸이 나의 영혼을 얹은 불꽃 공연(fire performance)을 통해 하늘로 들리우고 싶다.

천상병 시인의 유명한 『귀천』이라는 시가 있다. 마지막 절에 이 세상을 소풍 길이라 표현했다.

나 하늘로 돌아가리라
아름다운 이 세상 소풍 끝나는 날,
가서, 아름다웠다고 말하리라

04

결핍이 꿈과 자유를 만든다

수많은 자기계발서에서 말한다. "큰 꿈을 꿔라! 큰 야망을 가져라!" 큰 꿈과 큰 야망이라고 하면 왠지 이루기 힘든, 원대하고 어려운 일일 것이라고 생각한다. 쓰러져가는 정권을 지키고 잃어가는 나라를 구하는 정도는 되어야 할 것 같다. 하지만 이순신 장군처럼 10척의 배만 가지고도 왜적을 물리치는, 안중근 의사처럼 일본인 이토 히로부미를 사살할 용기가 없어도 누구나 야망을 가질 수 있다.

21세기를 사는 이 지구상에 아직도 전쟁이 일어난다. 러시아의 침공으로 우크라이나 국민은 생사를 넘나들면서도 나라를 살리기 위해 개인의 목숨을 아끼지 않고 싸우러 나갔다. 야망도 조국이 있어야 이룰 수 있기 때문이다.

내가 가진 환경과 역량에 따라 야망의 크기가 다르겠지만 마음속으로 누구나 가지고 있다. 생존하기도 힘든 삶을 사는 사람들에게는 어쩌면 큰 야망을 갖는 것이 사치일지 모른다. 희망이 있는 삶은, 들어가면 거의 다 죽었던 아우슈비츠 수용소에서도 살아나는 기적을 만든다. 결핍이 꿈을 가질 수 있는 동기 부여가 될 수 있다. 부족함과 불완전함이 사람들을 더 궁금하게 하고 창조하게 한다.

나는 어릴 적 사진이 하나도 없다. 외할머니 외할아버지는 내가 어릴 때 돌아가셔서 얼굴도 기억이 안 나고 외가라고 기억나는 것은 없다. 친할머니와 할아버지는 중고등학교 때까지 살아 계셨고 가끔 시골 고향이라고 가기도 했었다. 우리 집의 유일한 남자는 다섯째로 태어나 돌 사진을 갖는 행운을 누렸다. 대여섯 살의 넷째 동생은 할아버지 마당에서 엄마의 큰 신발을 신고 한 손에는 무언가 먹을 것을 들고 행복해하는 사진이 고작이다. 그렇게 우리 6남매의 추억은 조각조각 몇 개씩 입을 맞추고 시간과 장소를 더듬으며 소소하게나마 행복했던 이야깃거리 한두 개쯤 만들는지 모른다.

요즘의 우리는 각 휴대폰에 사진을 몇만 장씩 저장고를 다 채울 정도로 막 찍어댄다. 하지만 유일한 나의 어릴 때 사진은 초등학교 4학년 때 주산 2급 시험 증서에 붙어 있는 증명사진이다. 딸로 태어나 존재 없이 살다가 최초로 나의 정체성을 표면으로 내보일 수 있는 사진이었다. 외국에 오면서 내 지갑에 넣고 여권처럼 귀하게 갖고 다니다가 짐을 정리하며 나의 귀한 어릴 적 모습이 큰딸에게 더 의미 있을 것 같아서 큰딸에게 주었다.

외국에 와서 신원을 파악하는 데는 꼭 묻는 것이 있다. 내가 어느 종인지 어느 산지의 생명체인지를 입증하는 '출생 증명서'다. 한국의 1960년대에 거의 모든 아기들은 병원이 아닌 집에서 태어나고 출생신고도 아버지나 할아버지의 시간표에 맞추어 동사무소에 가서 올렸다. 출생신고서가 없다고 하면 사람들은 다 집 잃은 유기견처럼 쳐다보며 의아해한다. 여권으로는 국적이 보장되어도 나의 태생은 보장되지 않는다.

혹 나는 이 지구인이 아닌 별나라에서 온 듯한 이질감을 느낀다. 민망하고 창피하기까지 하다. 초라한 가족과 못사는 나라의 국민으로 나의 존재감은 미미했고 인간인데 증명할 수 없는 보잘것없는 정체성은 참으로 나를 작게 만들었다. 국력은 곧 나의 자존심이다.

'어디 두고 봐라, 나의 조국 대한민국이 선진국으로 우뚝 서는 날!'

결혼 후 첫아이가 태어나고 미친 듯이 애들의 사진을 찍어대고 벽돌만한 비디오카메라를 들고 순간순간들을 잡아 비디오테이프에 보관했다. 그것들을 다시 복사해서 멀리 바다 건너 계신 부모님에게 보내어 아이들이 커가는 모습을 공유했다.

"야~ 이거 어쩌냐? 우리 손주 비디오들인데…?!"

당신의 행복지도를 그려라

20년이 훨씬 지난 지금, 인화된 우리 식구의 사진이 수백 장, 내가 여행 갈 때마다 보내준 엽서들, 20여 개가 넘는 비디오테이프다. 골동품이 되어버린 것들을 버리지도, 간직하지도 못하는 엄마가 물었다. 그것들은 인터넷은 고사하고 해외 전화요금도 비쌌던 시절에 우리가 부모님께 행복을 전하는 방법이었다. 테이프가 늘어지도록 보시면서 그리움을 달래셨었는데…. 나이 드신 엄마가 이제는 기억들을 붙들고 계시기가 버거워지신 모양이다. 주변을 하나씩 정리하시면서 스스로에게 중요한 것이 없어지고 꿈이 없어지는 것 같아 참으로 짠했다.

여자의 일생은 결혼하면서 시작하여 아기를 낳고 키우는 육아로 끝이 나는 것 같다. 돌봐주는 사람이 있다면야 얘기는 달라진다. 애들을 안전하게 키우는 것이 곧 행복을 지키는 것이라 믿었다. 그러느라 큰 야망은 커녕 몇 번의 커피 물을 끓여야 한 잔을 겨우 마시는 때였으니 편안히 앉아서 밥을 먹고 깨지 않고 자는 것이 소원이었다. 소원이라기보다 인간답게 살고픈 기본 욕구가 더 맞다. 아이 셋에 밤일 간호사까지 나가면서 우리 집을 손수 짓는 남편을 도와 짬짬이 소소하고 시간이 걸리는 일들을 돕기도 했다. 꼬물꼬물한 딸들을 키우며 일상을 살아내기도 버거운 시기에 야망을 갖는 것은 욕심이었다. 그래도 내게 아주 작지만 간절했던 소원, 바람이 있었다.

'5분 평화(5 minutes peace)'였다. 그래도 첫아이를 낳고는 딸에게 많은 것을 해줄 수 있었다. 시간적인 여유가 있었으니 남편이 좋아하는 케이크며 빵도 만들었다. 물론 어린아이 붙들고 한국말도 가르쳤다. 그래서 큰딸은 어려서부터 시작한 친정집의 통역사 노릇을 아직 한다. 그러다 8개월 임신 때 딸을 사산하고 이어서 둘째 딸, 셋째 딸을 낳고는 어떻겠는가. 남편 와이셔츠를 다려주던 것, 케이크를 만드는 것은 절대 하지 못했다. 셋째를 임신했다고 하니 사람들이 위로의 말로 '한 조각의 케이크(a piece of cake)'처럼 식은 죽 먹기라고 했다. 하지만 애 나름이다. 세 딸 중 제일 힘들게 키웠다. 밤 11시, 새벽 3시에 일어나서 토할 때까지 울었다. 급기야는 막내를 부부 침대 가운데로 모셨다. 명색에 간호사이고 두 딸을 문제없이 키웠어도 도저히 방법을 몰라 전문 상담을 받기까지 했을 정도였다.

『5분 평화』는 아이들 동화책 중 한 권의 제목이다. 엄마 코끼리와 세 아기 코끼리의 얘기다. 아침에 일어나면서부터 힘들었던 엄마 코끼리는 평화롭게 아침을 먹고 싶었다. 5분의 조용한 아침을 먹으려고 커피와 함께 빵을 챙겨 쟁반에 들고, 신문을 겨드랑이에 끼고 2층 욕실에 올라간다. 그것을 본 아기 코끼리들은 차례대로 엄마의 욕실에 들어가 목욕을 돕겠다고 한다. 순식간에 차례로 물속으로 뛰어드는 아기 코끼리들을 다시 피해 엄마는 아래층으로 내려온다. 엄마 없이 재미없는 아기 코끼리들은 다시 내려와 엄마의 아침을 서로 먹겠다고 한다. 결국 엄마 코끼리가 원했던 5분 평화를 위해 치열하게 노력했지만 이룰 수 없었다는 격하게 공감되는 얘기다.

"『5분 평화』책 못 봤니, 얘들아?" "『5분 평화』…? 책이…. 그게 아직 있어?"

집 안의 서재를 좀 더 넓고 햇볕이 잘 드는 방으로 옮기고 있었다. 벌써 몇 번인지 한쪽 벽면의 지저분한 책장 속의 책들을 치웠었다. 그러면서 아이들의 책들은 각자의 방으로 옮겨 갔지만 좋아하는 동화책 몇 권은 버리지 않고 잘 보관하고 있었다. 그것은 나의 최애 동화책이자 내가 아이들과 거리두기를 원할 때면 쓰는 상징적인 용어가 되었다. 이제는 큰딸이 두 애의 엄마가 되어 가끔 '5분 평화'를 위해 급하게 도움을 청해온다. 온 식구가 자신만의 평화를 원할 때 '5분 평화'의 마지막 킹 카드를 이용해 정신적 휴식을 취한다.

남아프리카공화국 최초의 흑인 대통령이 된 넬슨 만델라는 너무나 유명한 흑인 인권운동가다. 그는 자신이 설움받은 흑인으로서 평생 흑인들의 자유를 위해 부르짖다 종신형을 받고 27년 동안이나 감옥에서 지냈다. 그가 감옥에서 기다린 것 중의 하나가 매주 주는 맥주였다고 한다. 그 작은 기다림을 시작으로 『자유를 향한 머나먼 길』이라는 책 제목과 같은 긴 여정을 거쳐 그가 대통령이 된 나이는 76세였다.

감히 그와 비교할 수 없지만, 정신적인 감옥에 갇혀 있던 나는 설명할 수 없는 암흑 속에서 살고 있었다. 그러던 나에게도 기회가 올 것이라 믿었다. 앞으로 얼마일지 모르지만 진정한 자유를 위해 30년의 결혼 생활은 마감이다. 남편 살뜰히 비위 맞추며 딸들을 온전하고 바르게 키워 성인이 될 때까지 키운 것으로 충분하다. 가족의 행복과 평화를 위해서 살아온 나의 본보기와 흔적들은 이제 딸들에게 자산으로 물려줄 수 있다. 결핍 속에 피운 야망은 나의 왕국을 바로 세울 것이다. 다시 가슴이 나댄다.

05

도전은 행복을 만드는 시작이다

"어디서 왔어요?"

"코리아요."

"그런 나라도 있어?"

"네, 일본 옆에 있어요."

1986년 처음 배낭여행을 하러 유럽에 갔을 때 한국 사람이라고는 눈을 씻고 봐도 찾아볼 수 없었다. 여행은 고사하고 양복 입고 멋진 서류 가방 매고 다니는 아시안 사람들도 잘 보이지 않았었다. 부흥하는 일본을 얘기하며 한국의 위치를 알려야 했다. 한국의 존재를 모르는 사람이 대부분이었고 '남? 북?'을 되묻는 사람들은 그래도 역사와 지리를 아는 지식인들이다. 그러다 1988년 올림픽을 기점으로 한국은 외국으로의 개방이 지구 곳곳으로 퍼졌다. 이제는 한류의 대세를 문화, 음식, 스포츠, 음악, 드라마 등 여러 곳에서 실감한다. 우리나라의 국격이 올라가니 이국에 사는 해외동포로서 자긍심이 생기고 당당해졌다. 한국인이라는 나의 정체성도 업그레이드되었다.

내가 꿈꾸고 있는 것 중 하나는 여행 작가다. 인터넷 세상이 되기 전까지 해외여행자들에게 성경책처럼 이용된 책은 '론리 플래닛(Lonely Planet)'이다. 하지만 이제는 스마트폰 하나만 있으면 거의 모든 정보를 알 수 있으니 애써 무거운 책까지 들고 다니지 않는다. 그런데 도서관에 가보고는 깜짝 놀랐다. 유럽에 패키지(package)여행만이 아니고 캠핑카로, 렌터카로, 자전거 등 다양한 방법으로 여행을 기록하여 만든 책들을 보았다. 나라가 부유해지면서 여행의 문턱이 많이 낮아져서일 것이다.

장소도 남아프리카에서부터 모로코, 스페인에서 아이슬란드, 블라디보스톡에서 포르투갈, 알래스카에서 파타고니아까지 세계 구석구석 안 가는 곳이 없다. 내가 배낭여행을 했었던 1986년에는 동유럽 국가들은 아직 한국과 수교가 이루어지지 않아 못 가던 나라들이었다. 그런데 이제 못 가는 나라는 북한과 전쟁 중인 나라를 빼고는 없다.

여행을 다니는 나이와 스타일도 다양했다. 흔하게는 비행기로 다니는 편안한 호텔족으로 패키지여행이 제일 많을 것이다. 한국의 직장 문화상

긴 휴가를 내지 못하니 짧게 많은 곳을 봐야 하고 언어도 자신이 없는 사람들에게는 여행사가 안성맞춤일 것이다. 다음은 영어라는 언어의 장벽을 두려워하지 않는 젊은 사람들은 배낭을 메고 자유여행을 한다. 그리고 좀 여유 있게 횡단하고, 종단하고, 돌아가고, 가로질러 갈 수 있는 자가 차, 밴, 버스, 캠핑카를 타고 모험을 즐기는 여행자가 있다.

그중에 나를 유난히 감동하게 하는 여행 유형이 따로 있다. 힘들어도 시간에 쫓기지 않고 천천히 가는 여행이다. 도보 여행이나 자전거 여행, 기차 여행에 매력을 느낀다.

나에게는 떨쳐버리지 못한 콤플렉스가 있었다. 자전거 타기다. 딸에게 몇 번 배워보았지만 두려움과 걱정 때문에 그만두었다. 넘어져 뼈라도 부러지면 깁스하고 몇 달 동안 애들 밥은 누가 해줄지 생각하니 도저히 용기가 나지 않았다.

"좋겠다! 안장 위에서 바라보는 세상은 어떨까…"

딸과 함께 브런치를 먹던 어느 날, 지나가는 자전거를 쫓는 나의 눈길을 딸의 눈길도 같이 쫓다가 말을 건넸다.

"엄마, 자전거 레슨을 받아보면 어떨까, 혹시 알아? 내가 찾아볼게." 하며 딸이 인터넷을 뒤졌다. 제일 먼저 'ladies back on your bike(다시 자전거를 타는 여자들)'이라는 클럽, 한국의 동호회쯤 되는 것이 있었다. 어렸을 때 자전거를 탔지만 여러 가지 이유로 타지 않다가 쉬이 용기가 없는 엄마, 부인, 할머니들이 대상이었다. 금남의 클럽이어서 더욱 매력이 있었다. 나는 개인 레슨을 받으면서 몇십 번을 넘어지고 깨지고 멍도 들었지만, 다행히 뼈는 부러지지 않았고 두려움은 서서히 없어졌다.

그렇게 배운 지 4개월이 되던 때 멜버른에서 철인 삼종(triathlon) 경기가 있었다. 여름마다 큰 이벤트로 행사하는데 누구나 참가할 수 있는 대규모 아마추어 행사다. 풀(full) 코스 철인 삼종을 제외하고 초미니 코스부터 미니 그리고 반 코스 등 다양하다. 자전거를 배우라던 막내딸이 엄마와 같이 했으면 했다. 처음엔 농담인 줄 알았다. 상상조차 하지 않은 일이 벌어지고 있었다. 바다 수영 750m, 자전거 27km, 달리기 4km의 코스다. 중년이 되어 간신히 귀동냥으로 배운 수영과 자전거를 타는 것만으로도 나는 소원을 이룬 것이나 다름없었다. 그런데 한 종목도 아니고 3개씩이나 그것도 연달아서 한다고? 말도 안 된다고 펄쩍 뛰었지만, 시간이 갈수록 속에서 스멀스멀 도전의 욕망이 치고 올랐다. 게다가 창피할 법도 하건만 오히려 엄마의 자존감을 살리려는 딸의 속 깊은 배려에 그만 등록하고 말았다. 생전에 삼종 경기에 참석했다는 경력은 아마 가문의 영광쯤으로 생각할 만큼 멋진 일이 될 것이라 생각하니 그날 밤, 잠이 제대로 왔겠는가. 나중에 생각한 것이었지만 '무식하면 용감하다', '모르는 게 약이다'가 딱 걸맞은 나는 무작정 덤볐다.

그런데 이게 웬일인가. 호기롭게 바다에 뛰어들었다. 나이별로 어느 정도 시간 간격을 두고 출발했다. 어느 순간에 뒤 무리의 사람들이 상어 떼처럼 내 위를 덮치고 지나가지 않는가. 짓눌린 멸치같이 할딱거리고도 빠지지 않고 '내 페이스(pace)로!'를 되뇌며 끝낼 수 있었다. 여름이면 우리 집의 똑똑한 강아지(보더콜리: 양몰이 개)와 같이 바다 수영을 1~1.2km 정도 30분씩 했었던 것이 도움이 되었다. 그리고 준비해놓은 자전거 거치대로 달려가 물기 닦고, 자전거 반바지를 수영복 위에 덧입고, 양말과 신발을 신고, 장갑 끼고, 모자까지 준비할 것이 많았다. 물론 내 발목에 끼워진 타임 워치(time watch)는 기록되고 있었지만 할 것은 해야 하지 않은가. 심각한 프로들은 달려와서 모자와 신발만 신으면서 자전거에 올라탄다.

27km 자전거를 타는 거리는 초보자에게 엄청나게 긴 거리였다. 사실을 얘기하면 그때까지 한 번도 그 거리만큼 타본 적이 없었다. 그뿐인가? 나의 멋지고 튼튼한 첫 자전거는 철 자전거로 엄청 무겁다. 몸도 빳빳이 세우고 팔도 쭉 펴고 머리는 꼿꼿이 세워 지나가는 사람을 다 쳐다볼 수 있는 생활 자전거(city bike)다. 그때는 로드 자전거(road bike: 주행용)가 뭔지도 모를 때였다. 그런데 문제는 나중이었다. 돌아야 하는 코스는 해변도로 10여km를 총 2.7배 돌아야 했다. 처음 한 바퀴는 그럭저럭했다. 두 번째, 세 바퀴째는 정말 자전거가 천근만근처럼 느껴졌고 몸을 반쯤 뉘인 채 헉헉댔다. 정말이지 포기하고 싶었다. 경기를 위해 막아놓은 거리에 무리 지어 지나가던 자전거들도 거의 보이지 않았다. 다행히 나 같은 악바리들이 내 뒤로 듬성듬성 있을 뿐이었다. 군데군데 경기 도우미들이 서 있는데 참으로 미안했다. 나 때문에 차도를 막고 있는 듯

했고 넓은 대로를 활보하고 있다고 생각할 무렵 사람들이 환호하고 격려해주었다. 그들의 박수에 보답하려고 발끝에 힘을 모았다.

다음은 달리기 4km지만 거의 뛸 수 없었다. 여기까지 하고는 포기하고 싶지 않아 걸었다. 그야말로 나와의 싸움이었다. 거의 기다시피 하는데 누군가 나의 팔뚝을 끼더니 낚아채갔다. 한참 전에 끝을 낸 딸이었다. 그냥 조금 끌리는가 했는데 날아가는 기분이었다. 어느새 최종 라인 (finish line)에 많은 사람들이 손뼉 치고 함성으로 몇 명 남지 않은 꼴찌들에게 보내는 찬사가 들렸다. 감격의 눈물이 흐르고 나는 딸의 팔에 번쩍 들려 만세를 부르고 있었다.

그 뒤로도 또 한 번 두 딸과 다시 철인 삼종 경기를 했다. 한 번 맛을 본 희열은 마약 같았다. 6개월 뒤 한국을 방문하여 간단한 접이식 철 자전거를 사서 한국을 휩쓸고 돌아다녔다. 배낭을 안장 뒤에 뱅뱅 돌려 매고 국토 종주를, 4대강을, 그리고 제주도 한 바퀴, 일본 후쿠오카까지 그 작은 자전거로, 아주 천천히, 홀로 하는 자전거 여행을 사랑했다.

'뭐라고? 7박 8일을 하고도 책 한 권을 쓴다고?', '고딩(고등학생)이 첫 해외여행을 하고 책을 썼다고?', '80세가 넘어 미국 횡단한 두 노인이 글까지 썼다고?' …. 그것만이 아니다. 나 같은 아니, 나보다 더 상황이 열악하고 힘이 없어 보이는 보통 사람들이어서 더욱 놀라웠다. 도서관에 꽂힌 책 제목에서 이미 많은 야망을 갖고 사는 선배들을 보며 나는 여행 작가로의 비전을 확신했다.

자전거 타기를 소원만 한 것처럼 책 쓰기도 버킷리스트에만 올려놓고 있었다. 세계여행을 하며 이 지구에 사는 사람들을 만나 그들의 파란만장한 삶의 모습들을 책으로 만들어 나누는 것이 앞으로의 꿈이다. 오래전부터 책으로 만난 롤 모델이 있다. 한비야 작가가 처음으로 쓴『바람의 딸, 걸어서 지구 세 바퀴 반』은 신선한 충격이었다. 스케일과 여행 스타일, 태도, 책을 쓰는 작가까지 꼭 닮고 싶은 사람이다.

꿈을 향해 도전해야 하는 때가 왔다. 남인숙 작가가 말했다. 우리는 모든 경험과 아이디어라는 구슬을 다 가지고 있다. 하지만 그 구슬을 꿸 실을 찾는 사람이 작가가 되고 보통 사람들은 그 실을 찾지 못한다는 것이다. 그 실이 명주실이든 비단실이든 상관은 없다. 실과 구슬, 모양과 질이 다르다는 것은 다양성과 개성을 의미하는 것이므로 나에게 맞는 실을 찾아 떠난다.

Happiness **MAP**

2장

나의
야망을
생생하게
그리는가?

청춘, 그 눈부신 날개

나는 첫 대학을 컴퓨터 프로그램 학과를 들어갔었다. 1980년 초, 한 학기를 간신히 마치기도 전에 전국의 대학생들이 전두환의 독재 정치에 반기를 들고 들불처럼 일어났다. 하루걸러 휴강하고 데모를 하고 매번 최루탄으로 숨 못 쉬던 때 나는 결심했었다. 지금 생각하면 선견지명이 없었던 멍청한 젊은이(young & stupid)였다. 원치 않았던 대학, 창창한 미래의 컴퓨터학과를 우습게 생각하고 이참에 재수하면 잘할 수 있을 것 같은 생각으로 때려치웠다. 5.18 민주화 운동 항쟁의 정점에 맞서서 치열하게 날갯짓을 하다 죽은 친구들에 비해 나는 밉상일 만큼 일조한 것이 없다. 더하여 재수의 실패로 나는 얌전히 살기를 거부했다. 막 살고 싶었다. 말 잘 듣고, 열심히 공부도 해보고, 착한 딸도 해보았지만 내가 원하는 결과는 한 개도 없었다. '이럴 줄 알았더라면, 그동안 했던 노력과 수고를 다른 곳에 썼었더라면'이라는 후회가 되면서 회의에 빠졌다. 일단 안전하게 한국을 떠나기로 하고 유일하게 갈 수 있었던 루트로 명분 좋게 사우디 간호사로 해외의 길을 텄었다. 청춘의 도움닫기 첫발이었다.

1986년, 무사히 사우디 성을 친구와 탈출하여 꿈에 그리던 첫 유럽 배낭여행이 시작되었다. 내 키의 반이나 되는 배낭을 베개로 삼아 영국 하이드 파크(Hyde park)에 누웠다. 구름 낀 하늘은 한국과 비슷한데 보이는 공원 주변의 건물들은 참으로 이색적이었다. 88년 서울 올림픽 전이라 한국인 여행자들은 눈을 씻고 봐도 없었다. 어디 한국에서 이 푸르른 잔디밭에 누워볼 수 있었겠는가. 상상도 못 할 일이었다. 점심 때를 넘긴 시간이라 출출했고 마음도 평안하였다. 친구와 눈이 마주쳤다.

"라면 먹을까…?"

"그래도 될까?"

"사람도 많이 없긴 한데…."

코펠을 꺼내고 냄비에 물을 끓였다. 우리의 행동이 신기하고 소꿉장난 같아 재미있었다. 이 먼 런던 한복판, 푸르른 공원 위에 앉아 한국 라면을 끓여 먹을 수 있는 우리는 이 세상 그 누구도 부럽지 않았다. "Excuse me, what are you doing from here?(죄송하지만 여기서 무엇 하십니까?)"

분명히 아무도 없었는데 어디서 나타났는지 공원 관리자가 물었다.

"Um… we're cooking noodle?!…(어~ 어~, 라…면, 먹는데요.)"

더듬거리며 수줍게 대답했다. 죄를 지은 게 아니니 미안함은 아니었다.

"Can I please see you guys passport?(여권 좀 봅시다.)"

무언가 잘못되어가고 있는 것 같았다. 절대로 여권을 주고 문제를 꼬이게 하고 싶지 않은 마음에 거짓말을 했다.

"Sorry, we left them in the hostel.(없는데요. 숙소에 두고 나왔는데요.)"

얼버무리고 빨리 떠나는 게 상책이라 생각했다. 점심을 먹은 것뿐인데 공원에서 불을 피우고 캠핑 하는 것으로 보았다. 우리가 버벅 대며 그저 잘못했다고 하니 어쩔 수가 없었는지 주의시키고서는 떠나셨다. 그때까지 한국에서 파란 잔디가 잘 깔린 곳을 가본 적이 없었으니 어떤 것이 규칙인지 어디까지가 상식인지를 몰랐었다. 모르니까 용감할 수 있었던, 젊어서 철없는 짓을 한 것으로 칠 수 있는 멋대로의 청춘이었다.

"기차가 왜 서지? 떠난 지 얼마 안 되는데….”

"모르지, 사람들이 복도에 다 나와 있어!"

친구가 의아한 듯이 말했다.

"석양을 보려고 나왔나?…."

기차를 타고 지는 일몰을 보며 지친 하루를 마무리하는 아름다운 광경이었다. 프랑스를 떠나 밤 기차를 타고 독일 프랑크푸르트로 가고 있었다. 배낭여행 중 제일 큰 관심사는 최소의 비용으로 최고의 여행을 하는 것이었다. 그중 일거양득의 효과를 얻을 수 있는 것은 밤 기차를 타고 이동을 하여 다른 곳으로 가는 것이다. 숙박비도 벌고 시간도 벌 수 있어서다. 문제는 유럽의 나라와 나라 간의 거리가 짧아 밤새도록 달릴 거리가 되는 곳을 정해서 가야 했다. 사우디에서 시간표를 보고 무지하게 공부해뒀다. 기차에 올라타서 친구와 나는 한 캐빈에 들어가서 공간 확보를 했다. 한 명씩 화장실에 가 손발을 씻고 팬티와 양말을 빠는 것이 루틴이었다. 언제 호스텔에 들어가서 빨래가 가능할지 모르는 상황이니 속옷 빨래는 염치없지만, 기차에서 해결했다. 그런 다음 빤 속옷을 히터 위나 적당한 걸이에 걸어놓으면 밤새 마른다. 기차 안은 밤이 되면 좀 쌀쌀한 날씨였다. 히터 버튼을 찾다가 머리 위로 작은 삼각형 손잡이가 매달려 있는 것이 눈에 뛰었다. 손잡이는 페인트 색이 벗겨진 듯 알몸이 드러난 철 그대로였다. '기면 좋고 아니면 말고.'라는 심정으로 무심코 잡아당겨 보았다. 히터도 나오지 않았고 아무 일도 일어나지 않았다. 뭔 일이 났는지 밖이 시끄러워지고 멈춰 선 기차는 가지 않으니 답답하여 복도로 나가보았다. 사람들을 비집고 창문 밖을 내다보았다. 조금 있으니 철로 위로 뚱뚱한 두 아저씨가 달려오고 있었다. '아, 무슨 일이 났나 보다.',

'그러게 무슨 일이지.'라며 주고받다가 아저씨들이 우리 기차 칸 안에 뛰어 올라타는 것을 보고서야 친구와 동시에 눈이 마주쳤다. 눈이 큰 친구의 흰자위는 더 많아졌고 눈꺼풀이 떨리고 있었다. 나는 '말도 안 돼!'라는 생각과 동시에 눈을 감아버렸다. '삼각형 손잡이가 문제일지도 모른다!' 그러는 사이 기차의 기관장들은 우리 캐빈 앞에 섰다. 다행인지 불행인지 독일 말을 하였다. 알아듣지는 못했지만, 그들의 말 톤과 제스처로도 사건의 경위를 따지려는 듯했다. 손가락으로 삼각형을 가리키며 당기는 시늉을 반복하면서 우리의 얼굴을 살폈다. 무어라 말을 할 수 있었겠는가. 우리는 어깨만을 으쓱거리며 영어를 하는 둥 마는 둥 했다. 되지 않는 콩글리시를 하는 것이 부끄럽지 않은 것은 또 처음이었다. 고개를 끄덕이는 척이라도 했었으면 일이 조금은 빨리 끝났을 수도 있었겠다. 답답한 그들은 우리의 티켓과 여권을 번갈아보고는 무임승차는 아니니 어쩌지도 못하고 돌려줬다. 그들은 우리의 무책임한 행동을 불량 청춘의 무지함으로 결론짓는 것 같았다. 속으로 백번 죄송하고 되돌릴 수 있다면 되돌리고 싶었다. 그날 밤 친구와 웃다가 자다가를 하는데 참 행복해했다. 청춘이니까! 내 나라가 아니어서 더 자유로웠을까?

난 유럽 여행을 위해 까만 머리를 노랗게 물을 들였다. 그놈의 영화가 잘못이다. 나도 부슬부슬 이슬비 내리는 바닷가를 긴 바바리 코드 깃을 세우고 한 손에는 우산을 다른 한 손에는 담배를 끼고 걷고 싶었다. 한국에서 여자는 절대로 담배를 못 피던 시절, 여자가 차를 몰면 지나가던 어른들이 욕하던 시절이었다. 외국이니까 할 수 있을 거라 생각하고 조용히 희생하며 살았던 한을 풀고 싶어 담배도 배웠다. 좋은 점은 나의 변비가 담배 한 모금으로 해결이 되었다는 것이다. 안 좋은 것은 가래가 끼고 맛도 진짜 없었지만, 멋으로 피웠다. 친구도 예외가 아니었으니 외국인의 눈으로 우리는 꼭 불량 쌍둥이 같았을 것이다.

　한 달 동안 유럽 여행의 경비는 딱 100만 원 들었다. 한 달 중 반은 기차에서 잤다. 유레일 (Eurail) 티켓(유럽 어디든 갈 수 있는 기차표) 한 달 값은 포함되지 않았다. 대충 30만 원 정도였던 것으로 기억한다. 런던행 비행기 티켓값은 사우디 간호부에서 한국 휴가로 끊어준 것을 바꾸었다. 여행이 끝나고 한국으로 돌아가는 비행기는 그리스에서 최고로 싼 'last minutes' 티켓을 이용했다. 그리스 아테네 시내에 있는 여행사에서 그날그날 비는 비행기 좌석을 떠나기 몇 시간 전에 팔았다. 우리는 여행사 안에서 죽치고 기다렸다. 돈을 절약할 수 있으면 시간은 얼마든지 쓸 수 있던 배짱이 무기인 청춘이었다. 드디어 표가 생겼고 여행사 직원이 택시를 불러주고 비행장까지 가라 했다. 도착하자마자 무조건 뛰어야 한다고 몇 번이나 당부했으니 배낭을 단단히 조여 매고 최선을 다해 체크인 앞까지만 가면 된다고 냅다 뛰었다. 이젠 우리를 태우고 안 태우는 것은 에어라인의 소관이었다. 그들은 비행기 승무원들과 전화를 해서 마지막 승객이 있다고 전했다. 누군가 우리의 앞장을 섰고 다시 뛰었다. 비행장 밖으로 나가더니 우리를 카트에 태우고 멀찍이 서 있는 작은 소형 비행기

앞으로 쏜살같이 데려가서 내려놓았다. 우린 마치 대통령과 영부인이 마지막으로 트랩을 타고 올라가 뒤돌아서 손을 흔들 듯이 우릴 데려다주신 고마운 분들께 손 흔드는 것도 잊지 않았다.

비행기 이륙이 시작되자마자 우리는 큰 실수를 했다는 것을 깨달았다. 창공 높이 올라가지도 않았는데 비행기는 좌우로 흔들리는 것이 마치 난기류(turbulence)의 한가운데 있는 듯했다. 주변을 돌아보니 모두 긴장한 듯했지만 당황하지는 않았다. 그때야 보였고, 알았다. 왜 그렇게 값이 쌌는지를. 복도를 사이로 양쪽에 3좌석이 있는 소형 비행기로 아마 세계 2차 대전 당시 소련형 비행기를 민항기로 개조한 듯하였다. 큰일 났다! 이팔청춘에 무슨, 여행 보험은 상상하지도 않았었다. 지금은 상상하기 힘들겠지만, 그 당시 우리나라에서는 보험의 개념을 잘 이해하지 못했고 낭비이고 사치라고 생각할 정도였다. 그래도 내 주제에 갈 수 있는 16개국의 유럽 국가들은 얼추 다 돌았고 비록 큰 도시만 찍었어도 영광이었고 여한이 없었다. 결혼도 안 했으니 나 혼자 죽어도 할 수 없다고 운명에 순종하기로 했다. 우리의 티켓은 이집트 카이로에서 하룻밤을 지냈다. 얼마나 멋진가. 계획에도 없던 카이로를 경유하는 횡재를 놓칠 수가 없었다. 친구와 용기를 내어 밤에 택시를 타고 피라미드로 향했다. 결혼한 쌍들이 밤에 결혼사진을 찍는 진귀한 광경을 보았다. 조명이 비치는 피라미드는 너무 멋있었다. 언젠가 낮에 한 번 다시 올 거라 다짐하고 떠났다.

다음 날 같은 티켓으로 다른 비행기를 타고 반나절을 날아가 필리핀 마닐라에 닿았다. 그곳에선 내리지도 않았는데 청소부들이 들어오고 우리는 발을 들어주고 쓰레기를 줍는가 했는데 삽시간에 쓸고 나갔다. 새 승객들이 들어오고 일본 도쿄인지 나고야인지를 들러 또 밤을 새웠다. 여행 중 가장 훌륭한 5 스타 호텔에서 기모노도 입어보고 전통 쓰레빠도 끌면서 멋지게 여행의 마지막을 장식했다.

여행하면서 무게를 줄이려고 두꺼운 옷들을 기차에 하나씩 놓고 내렸던 탓에 긴 옷이 없었다. 나는 녹색으로, 친구는 핑크색, 야자수 나무가 그려진 한여름의 반소매와 초미니 반바지를 입은 채 그리운 대한민국, 김포공항에 내렸다. 그리스에서 구한 티켓 한 장으로 적도를 분기점으로 태평양을 제외한 지구 3분의 2 바퀴를 돌아 꼬박 3일 만에 도착했다. 그런데 아차, 싶었다. 사람들이 훑어보기 시작했고 눈살을 찌푸리더니 한마디씩 던졌다.

그때 인천공항은 없었다. 공항 패션은 멋진 정장에 구두까지 차려입고 나가던 시절이었다. 우리의 기괴한 모습은 마치 동물원의 원숭이들이 탈출한 꼴이었다. 대망의 유럽 여행 대장정을 마치고 공항에서 엄마한테 전화하고 도착했다 말했다. 집의 어귀에 도착해 택시에서 내렸는데 엄마가 날 발견하고 반가워 달려오다 멈추어 섰다. 파마머리가 거의 풀어져 부스스한 나의 머리카락 반절은 빛바랜 지푸라기 색의 파뿌리였고, 위에는 검은 머리가 반이었다. 그야말로 머리 밑으로 금 화환을 두르고 성공하여 고향으로 돌아오는 금의환향이었다. 허연 팔다리를 내놓고 배낭으로 조여진 미니 반바지가 깡충 올라 똥구멍이 보일 정도인 남 부끄러운 모습이 엄마 딸 같지 않아 주춤하셨다고 했다.

한잠을 자고 일어나 한국인가 유럽인가 비몽사몽 하는 사이 엄마는 나의 머리를 새까만 한국 머리로 물을 들여놓았다. 연한 담배 연기가 그리워 경양식에서 산 담배를 집 창문을 열고 똥 폼 잡고 피다가 엄마에게 몇 번을 들켰다. 가래 때문에 어차피 끊으려고 했지만, 변비약으로 붙들고 있었는데 엄마 죽고 나 죽자고 덤비는 엄마를 위해 효도하는 척 그만두었다.

아! 그립다. 나의 찬란했던 청춘, 내 맘대로 살면서 나는 망가지지 않았다. 적어도 내가 어떤 인간인지 알았다. 시도하지 않았으면 나의 잠재력을 절대로 알지 못했을 거다. 두려움은 새로운 일을 덤비면서 설렘으로 바뀌었고 무모한 도전은 근거 있는 행복으로 다가왔다.

청춘의 날개를 단 나는 눈부셨다!

상상하면 반드시 이루어진다

우리는 어려서부터 모방을 하며 자란다. 학습과 배움도 모두 앞선 사람들이 만들어놓은 것들을 답습한다고 볼 수 있다. 우리의 삶을 구성하는 많은 것들은 모방의 결과물이고 모방은 최고의 전략이라고 책 『언카피어블(Uncopyable)』에서 말한다. 기대하지 않은 불편해진 신체적 여건으로 아무것도 할 수 없는 절망적인 상태에서 무엇을 할지를 고민했다. 새로운 전문직을 시작하기에는 충분히 할애할 시간적 여유가 없었다. 내가 가진 전문성으로 새로운 길을 개척하거나 병자로, 패배자로 살거나의 갈림길에 섰다. 이미 신뢰할 수 있고 안전한 길이 있다면 일단 그 길을 쫓아서 가는 것이 합리적이고 최고의 선택이라 믿고 도전하기로 했다.

온몸으로, 온 마음으로 밤 간호사로 일한 지 7년이 되던 어느 날 갑자기 왼쪽 팔이 저렸다. 심한 통증은 아니어도 저릿저릿 감전된 기분은 좋지 않았다. 간신히 일을 마치고 의사를 찾았고 경추 3, 4번 사이 4, 5번 사이 6, 7번 사이의 척추 협착 진단을 받았다. 급기야는 지속된 왼팔 저림으로 의사는 '질 좋은 삶'을 원한다면 수술하라고 권했다. 수술의 예후가 좋지 않아서 꼭 하지 않아도 된다는 말 같았다. 죽을 정도로 아프지 않으면 참고 살라는 말로 알아들었다. 자리가 목 부위니까 선뜻 수술하기도 겁이 나서 물리치료를 하며 나아지기를 기대했다.

아이들 셋을 키우는 일, 환자들을 밀고 당기는 간호 모두 몸 쓰는 일이다. 도르래에 걸쳐놓은 밧줄을 몇십 년을 돌리다가 문득 실 가닥 정도 남기고 정지된 기분이었다. 삶의 훈장치고는 너무 가혹했다. 그리고 너무 빨리 받았다. 간호사로서 병원 생활은 그게 마지막이었다. 야전 병원에 덩그러니 누워 있는 패잔병 같았다. 그래도 일어나야 했다. 아이들은 이제 고작 1학년, 3학년, 5학년의 초등학생들이었다. 앉으면 저리는 팔이 다행히 서거나 누우면 좀 괜찮았고 손을 머리 위로 올리면 잠시 저린 것이 덜했다. 아이들 등하교 시켜야 하니 왼손은 머리 위에 얹고 오른쪽 한 손으로 운전했다.

몸이 힘들고 아프니 마음도 지치기 시작했다. 짓눌려진 어깨로는 더 이상 간호 일을 하는 것은 무리였다. 내가 가진 한계를 느끼는 만큼이나 우울감도 커졌다. 아이들이 아직 어린데 손을 놓고 있을 수도 없었지만 딱히 방법이 없었다. 그때 문득 번뜩이며 내 머릿속에 친구의 말이 생각이 났다.

"양로원을 해봐!"

간호학교 때 친했던 친구는 모든 일에 열정적이었다. 안타깝게도 세상을 먼저 간 친구의 소원이었다.

"아~하! 그거네!", "그래 친구야, 네가 이루지 못한 거 내가 해낼게!"

친구가 잇몸을 드러내고 웃고 있는 것 같았다. 그때부터 친구의 야망이 곧 나의 야망이 되었고 친구도 나도 상상만 했던 일이 구체화되기 시작했다. 양로원을 차리고 할머니 할아버지들의 제3의 인생을 조금이라도 편안하게 해드리고 싶은 희망이 생겼다.

간호사 일을 접은 채 집에서 쉬고 있던 2년째였다. 1년여의 물리치료로 손의 저림은 많이 줄었다. 신경이 눌리는 각도만 피하면 견딜 만했다. 자전거를 타면서 가끔 손과 발의 저림이 생기면 한 손씩 펼쳐서 털어주는 방법도 터득했다. 그때 배운 목 늘림의 운동, 침대에서 내려오기 전에 가로로 누워 고개를 침대 밖으로 뺀 뒤에 늘려주는 것은 지금까지도 하는 습관이 되었다. 어느 정도 건강을 회복했으니 움직일 때가 되었다.

호주의 노인 간호 시스템은 네 종류의 시설과 집에서 받는 홈케어(home care)가 있다. 정부 지원이 보조가 되는 것은 흔히 양로원이라 부르는 것으로 그 안에서 중증, 경증 케어로 나뉜다. 중증 양로원은 연금의 85%를 양로원에 내면 된다. 엄청난 퍼센트지만 한국으로 치면 노인 연금 월 30만 원의 85%니 지극히 적은 거다. 당연히 그 양로원은 정부에서 나머지가 보조된다. 그러니 노인들이 이곳에 가려면 적어도 일이 년은 기다려야 한다. 경증 양로원은 이젠 법이 바뀌어 집을 팔아야 들어갈 정도의 거액이 든다. 호주 돈 50만 불에서 80만 불(4억 5천~6억 5천만 원)이 본드(deposit) 비다. 그리고 돌아가시거나 다른 곳으로 옮길 때 매년 쓴 값을 빼고 정산한다. 그래서 대체로 오래 기다리지 않고 들어갈 수 있다.

그다음이 요양원이다. 사립이라서 환자의 호주머니 사정에 따라 다르니 선호도가 낮다. 식구 중에 돌볼 사람이 없는 정도나 되어야 생각해볼 수 있다. 시설의 정도에 따라 가격이 다르지만 한 달 정도의 본드 비와 주당 얼마의 값으로 계산되니 전화만 하면 들어갈 수 있는 정도다. 다른 사립 시설로는 '인디펜던트 유닛(independent unit)'이 있는데 개인이 소유한다. 주로 의료상의 케어는 한두 명의 감독이 있어서 거의 모니터링 수준이다. 방 1~2개 크기의 유닛을 소유하고 각자 살림하고 산다. 외로운 노인들이 공동체 생활을 하고 한국의 실버타운과 비슷하다.

시설이 아니고 집에 방문해서 받을 수 있는 제도도 있다. 한국에서 치매 등급에 따라 몇 시간씩 요양보호사들의 도움을 받는 것과 똑같다. 정부 보조다. 이제는 추세가 웬만하면 집에 오래 체류하는 제도가 되어, 정부도 영악해지고 있다. 시설을 보조해주는 정책이 경제적으로 정부가 이익이기 때문이다. 개인들도 자기 집에서 편안하게 도움을 받는 것을 선호하기 때문에 정신적으로 훨씬 안정된다는 장점도 있다.

그중 나는 요양원을 선택했다. 이유는 딱 하나, 엄두도 못 낼 돈 때문이다. 정부 보조의 양로원은 크기에 따라 다르지만 10밀리언 달러(80~100억 원)가 들었다. 그런데 요양원은 그의 10분의 1 수준의 돈으로 살 수 있다. 그 돈도 당연히 없었다. 아무리 계산기를 두드려봐도 해결 방법이 없었다. 몇 달 동안 부동산을 뒤졌지만, 집이나 아파트 같지 않아 매물이 많이 없는 시장이라 가뭄에 콩 나듯 나온다. 그러던 어느 날 상상치도 않은 가격의 매물이 나왔다. 80만 불(7억 원 정도) 정도의 요양원이 60만 불(5억 원 정도)로 바겐세일의 느낌이었다.

"할렐루야! 이건 운명이야! 하나님이 도와주신 거야!"

나도 모르게 몸에 손 결림이 아닌 전율이 느껴지고 감사 기도가 절로 나왔다. 아직 사지도 않았는데 말이다. 몇 년간 남편과의 사이가 좋아지지 않고 몸도 아픈 절망의 시기에 하나님에게 매달려 살고 있던 때였다. 그 뒤로 나는 더 신실하고 절실하게 기도했다. 매일 실현될 꿈을 꾸니까 실제로 요양원의 원장이 된 착각도 들고 우울감도 잊는 듯했다.

보내준 3년 치의 회계 서류들을 분석하기 시작했다. 왜 이리 싸게 나왔는지. 그리고 찾은 것은 2년 전까지만 해도 꽉 채웠던 침대 수가 60~70%로 지난 1년 새 떨어지고 있었다. 그들의 동업자 한 명은 대출도 받았고, 망하고 있었으니 다급한 주인은 더 손실이 있기 전에 싸게 내놓은 것이었다. 협상(deal)이 시작되었다. 한국 사람들은 어떤 것이든 깎는 것의 달인이 아니던가. 반 토막 3억을 써냈다. 부동산업자가 화를 내었다. '너 장난하냐? 당장 꺼져라!'라고 들리는 듯했다. 그들이 얼마나 절박한가 타진해보고 싶어서였다. 투자할 수 있는 가능한 숫자의 마지노선은 정해야 했으니까 어쩔 수 없었다. 배 째라는 배짱을 보이고 '아님 말고!'라고 속으로 외쳤다. 몇 주가 흘렀다. 소식이 없다. 그렇다고 내가 다시 전화할 수도 없었다. 아무리 긁어도 더 만들 재력도 없고 구매자가 아쉬워하면 칼자루를 그들이 쥐게 될 테니 기다리기만 했다. 전화벨의 소리가 나의 심장을 뛰게 했다. 제발!……. "아~ 어~ 아직 관심이 있습니까?" 좋은 예감의 촉각이 내 온몸의 털을 세웠다.

"5.5억은 어떻습니까?"

"놉(nope)!"

"5억이 최하랍니다."

"놉!"

전화가 끊겼다. '헉! 진짜로?! 내가 너무 심했나?' 생각은 들고 아쉬웠지만, 한편으로는 다행이었다. 감당 못 할 5억을 미안해서 어정쩡하게 승인해버리면 더 큰일일 테니까. 남편은 잊으라 했고 나도 해볼 만큼 했으니 다른 기회가 있기를 기대하며 다시 뒤졌다.

그러던 어느 날 다시 전화가 오더니 동업자들과 긴 회의를 하고 부동산과도 다시 얘기하느라 늦었다고 했다. 다시 칼자루를 쥔 나는 싹둑, 싹둑 더 깎아질렀다.

4억 원 낙찰! "어떻게, 어떻게…말도 안 돼!!" 혼자 방방 뛰고 급작스레 남편이 다시 사랑스럽고, 무엇이든 용서할 수 있을 것 같고, 나는 이 우주에 우뚝 선 기분이었다.

어느새 시험 볼 준비를 하고 있었다. 두 번째 관문이다. 보조는 받지 않는데 주 정부 보건부 산하로 모든 행정 관리 규범을 따라야 한다. 간호사가 아니어도 누구나 할 수 있지만 어느 정도의 경제 능력, 인성의 재질, 간호법 등을 아우르는 시험과 면접이 있다. 그래서 요양원을 구입하기 전에 반드시 시험 통과를 해야 한다. 통과하지 못하면 법적으로 사업을 할 수 없다. 시험이야 다시 치면 된다지만 경제적인 능력 미달로 영영 통과를 못 하면 돈을 날리는 난감한 일이 벌어진다. 산을 넘으니 또 산이 나온다. 긴장되고 두렵다. 그래도 뭔가 좋은 조짐이 있을 것 같은 것은 이미 일어난 일로 상상할 수 있었다.

꿈의 우선순위를 정하라

1900년대 초반, 프랑스의 사실주의 화가 '앙리 루소'는 꿈을 이룬 사람이다. 어렸을 적 학교에서 미술 시간에 상을 받은 것이 고작이었다. 부양해야 할 생업의 책임을 지고 세관원으로 일하다가 처음으로 그림을 그린 때는 나이 40이 되어서였다. 제대로 배운 적이 없어 색채 사용이나 원근법 표현도 몰랐다. 자기 멋대로, 마음 내키는 대로 그린 그림은 인정을 받지 못하고 조롱까지 받았다. 꾸준한 도전 속의 작품들로 드디어 그의 독창성을 인정받기 시작했다. 최고의 명성을 안겨준 '꿈'이라는 작품을 그린 나이는 60이었다. 그림 속의 꿈처럼 그의 삶도 실제로 이루어졌지만 안타깝게도 그 작품을 마지막으로 66세의 젊은 나이에 죽었다. 다행히 '꿈'이라는 작품으로 성공의 기쁨을 느꼈지만 너무나도 짧았다. 사후에 더 유명해진 화가이지만 끝까지 자기의 꿈을 놓지 않고 산 좋은 본보기다.

내가 사업을 시작할 때는 젊은 나이가 훨씬 지난 중년의 나이 44세였다. 요양원 사업이 어려서부터 꾸던 꿈이라기보다 일종의 돌파구였고 피난처였다. 매일 우울감이 심해졌다. 막내딸이 유치원에 들어가고 뒤돌아본 나의 모습이 초라해지면서 시작된 '정체성 혼란'이었다. 분명 아이들과 가정은 내게 최고로 중요했고 끔찍이 사랑했지만, 사라져가는 나 자신을 되찾아올 길이 없었다. 오로지 내 앞에 있는 길은 직장이었던 병원과 주말마다 가야 하는 시댁 행이었다.

그리스는 신기하게도 우리나라 음식과 문화가 비슷한 면이 많았다. 지방마다 조금씩은 다르지만, 마늘과 매운 것을 잘 먹는 음식문화는 남편이 한식을 좋아하기 쉬운 이유다. 전통도 남아 우월주의로 아들 사랑은 거의 종교에 가깝다. 시아버지의 발을 씻겼다든가 남자가 부엌에 들어가면 남자의 성기를 자른다는 속설도 그리스 문화와 똑같다. 다른 것이 있다면 한국은 장남을 결혼시키고 장남이 나머지는 책임지는 것이지만, 그리스 사람들은 다 결혼시키고 막내랑 산다. 우리 문화보다는 조금 덜 의존적(?)이다. 이 그리스 문화를 해학적으로 잘 풀어내어 유명해진 영화 〈그릭 팻 웨딩(Greek fat wedding)〉이 있는데 실제 상황과 거의 흡사했다.

남편의 가족 사랑도 예외가 아니었다. 게다가 3형제 중 막내다. '조선 선비'라고 내가 지어 준 별명인데 갓만 씌우면 손색이 없을 정도다. 주말도 없이 열심히 일하는 남편이었고 내가 사랑하는 사람이 행복해하는 것이 나의 행복이라고 믿었다. 겨우 짬을 내는 일요일 반나절을 그는 종교의식처럼 절대적인 존재 '엄마 품'에 안기러 가기를 15년 동안 했다. 일가친척 없는 타지 생활을 하는 내가 외로움과 향수병(home sick)이 있을 거라고 짐작도 하지 않았다. 남편에게 잘 길든 나의 충견의 모습에 서서히 화가 나기 시작했다. 게다가 몸이 아프면서 예민해졌고 아이들 케어만도 힘이 들던 때였다. 주말이면 우리 식구끼리 오붓하게 집에서 쉬고 싶었다.

남편은 자기한테는 아껴도 식구들에게는 아끼지 않고 식구들을 위한 것이면 자기 한 몸 불사할 피 끓는 불사조였다. 나에게도 애들에게도 사랑, 애정 표현을 잘한다. 단 단점이 하나 있다. 남편은 감정의 기복이 심해 이유 없이 잘 삐진다. 조울증 증세와 비슷하지만, 진단을 받은 적이 없으니 환자라고 보기는 어렵다. 가부장적인 경향이 있어 아이들이 크면서 다른 의견을 내면 인정하기 어려워해 갈등이 커졌다. 신혼 초에 몇 번 조율할 기회가 있었건만 너무도 완강한 그의 행동에 나의 꼬리를 가랑이 사이로 접어 넣었다. 이유 없이 시작된 냉전은 길어지고 잦아졌다. 밖으로 나와 흔들어야 하는 꼬리는 어떻게 흔드는지도 낯설고, 좋아한다고 짖는 법도 잊었다.

그보다도 나의 의견을 제대로 말을 못 하고 사는 나 자신이 너무 싫었다. 예전의 당당한 나의 모습은 남편의 팔이 되고 아이들의 다리로 합쳐졌다. 가정의 순조로운 평화를 위해 선택한 것이 묵언이었다. 밤일을 하고 오면 낮에 자야 하는 간호사의 직업은 중노동이다. 낮에 자는 잠은 네다섯 시간 자는 긴 낮잠의 수준이다. 시간 맞추어 아이들의 등하교를 해줘야 하니 다시 자면 못 일어난다. 꾀를 내어 토요일 밤 근무로 옮겼다. 그러면 일요일에는 자야 하니까 시댁을 가지 않아도 되었다. 인간은 어떻게도 살아내는 방법이 있다. 남편은 내 의도를 알 리가 없다. 똑똑한 우등생들은 절대로 꼴찌의 기분을 알지 못한다. 완벽주의에 가까운 사람들은 공감 능력과 성찰의 능력이 부족하기가 쉽다. 남편은 전혀 나의 편에서 생각해보지 못했다.

"엄마가 엄마 집에 와서 자라던데?"

남편이 엄마의 하해 같은 배려를 전한다.

아~ 이 노릇을 어떻게 하면 좋단 말인가!

감춰두었던 꼬리를 바짝 세우고 짖을 때가 왔다.

"이제부터 일요일에 시댁은 매주 가지 않을 거야."

"대신 교회에 가기로 했어!"

"뭐어…라…고!(Wh…aa…t)"

남편은 화가 나면 얼굴이 하얗게 되고 화를 삭이지 못해 말을 더듬는 버릇이 있다.

몇 주 전에 너무 답답하여 길을 걷다가 우연히 한국 간판이 있는 한국 교회 문을 열었다. 하지만 주중에 내가 갈 수 있는 시간을 찾지 못하고 친구가 소개해준 권사님과 1:1 성경 공부를 시작했다. 아무것도 이해되지 않았고 하나님이 계신다는 것조차 의구심이 많이 들었지만 그런 것은 중요하지 않았다. 그냥 어디엔가 기댈 데가 필요했었다.

그날부터 그의 핍박에 나의 고행이 시작되었다. 우리는 만날 때 같은 무신론자였다. 그런 내가 얼마나 자신을 믿지 못하면 절대자를 찾느냐며 배신감이 든다고 했다. 아마 하나님을 다른 남자로 착각하는 모양이다. 그는 내게 절대로 애들에게 영향을 끼치지 말라고 협박했다. 게다가 부모를 몰라보는 배은망덕한 며느리로 심판하고 인간 말종처럼 치를 떨었다.

"그동안 미처 당신의 입장을 생각 못 해서 미안해. 말을 하지 그랬어. 당신이 그렇게 힘들어하는 줄 몰랐어.", "당신 가고 싶을 때 찾아뵈어도 돼."라고 말할 거라고 조금은 기대했지만 역시 자존심 센 남자가 할 소리는 아니었다. 다시 한번 나는 그의 꼭두각시이고 그는 나를 자기의 분신이나 소유물로 생각하고 있다는 것이 확인되는 순간이었다. 더욱더 하나님께 매달리게 되었다. 그 누구라도 나를 알아주고 눈물을 닦아주면 되었다. 해결책을 남편에게서 찾아내기란 불가능해지니 헤어지고 싶었다. 하는 수 없이 조언을 구하러 변호사를 찾아갔다.

"지금 헤어지면 당신은 완전히 쪽박 찹니다. 그러니까 하고 싶다는 사업하시고 잘되면 그때 반으로 나누세요."

간호사로서 돈을 벌어 아이들과 살 수 있을 줄 알았다. 문제는 식구 사랑이 끔찍한 남편이 순순히 양육권을 줄 리가 없다. 그렇다고 호주인들처럼 두 주에 한 번 애들을 볼 자신은 더욱 없었다. 변호사의 조언을 따르기로 결정했다.

사업의 꿈 먼저, 이혼의 꿈은 나중에!

꿈에도 우선순위가 있음을 알았다. 순서만 바꾸면 둘 다 이룰 수 있다. 사실 이혼을 선택한다면 사업은 못 하게 될 뿐만 아니라 삶의 한가운데에서 힘겹게 노를 저어야 한다. 믿기 어렵게도, 불안하고 위태로운 부부관계인데도 남편은 내 사업에 동의해주었다. 나중에 들은 얘기인데 내가 하고 싶은 사업을 도와주고 관계가 좋아지기를 희망했다고 했다. 이런 의리 있고 관계 개선의 노력하는 모습이 이혼을 늦추는 데 도움이 되었다.

문제는 돈이었다. 아무리 사업체를 사기 위해 열심히 깎았어도 돈을 맞추기에는 역부족이었다. 은행에서 집을 담보로 최대 한도로 빌리고 당장 현금 돌리기가 힘이 든 부분은 남편의 월급으로 감당했다. 당시 남편은 본업이 IT 엔지니어로 일하고 있었고 주말에는 부업으로 집을 짓고 있었다. 어렵게 모든 준비가 끝나고 계약만 하면 되었다. 가까운 지인을 변호사로 선임하고 요양원 사업을 파는 자, 건물주와 내가 계약서에 서명했다. 아! 어떤 말로도 이때의 기분을 잘 표현할 수 없다. 이 험난한 세상에 내 이름을 걸고 그것도 외국 땅에서 사업을 한다는 생각은 이룰 수 없는 꿈이라고 생각했다. 나의 시대가 오고 있었다!

온 우주가 돕는다고 믿어라

꿈이 많은 사람은 이것저것 건드린다. 사실 확실하게 그릴 꿈이 없을 수도 있고 아니면 하고 싶은 것, 되고 싶은 것이 많아서일 수도 있다. 아는 지인 중에 아주 똑똑한 남자가 있다. 아니 그의 IQ는 얼마인지 모르지만 보통 사람과는 확연히 다르다. 늘 번뜩이는 아이디어로 이것저것 생뚱맞은 프로젝트를 내놓고 시도해보기도 하고 남에게도 권유한다. 하지만 안타깝게도 오랜 세월이 지나도 한 가지에 집중해서 크게 이루어낸 것은 없다. 나이가 50이 되고 60이 되어도 연금술사의 산티아고처럼 꿈을 좇아 헤매는 방랑자 같다.

사업을 하면서 내게 몰랐던 재능을 발견하고 좋아하는 것이 생겼다.

내가 노인들을 좋아하고 관리와 행정을 재미있어한다는 것을 몰랐었다. 심약하고 정신을 놓으신 분들의 노인 간호에 그동안 게으름을 피운 몫까지 다하여 열정을 태우고 싶어졌다. 일생을 열심히 사신 노인들이 받는 훈장이 바라지 않도록 반짝반짝 닦아주고 싶어졌다.

"죄송한 소식을 전해야겠습니다. 아버님이 요양원을 탈출하셨습니다."

"최선을 다해 찾아보겠습니다. 혹시 집으로 돌아오시면 연락해주세요."

사업을 시작한 첫날 어수선한 사이 호시탐탐 밖에 나갈 기회를 보던 할아버지가 요양원을 탈출했다. 할아버지의 얼굴도 모르지만 일단 보호자에게 전화를 드려 문제가 생겼음을 알렸다. 경찰에 신고했다. 생판 모르는 길이지만 손을 놓고 기다릴 수만은 없어서 차를 타고 주변을 돌았다. 치매 노인들은 여느 사람들이 길을 걷는 것과 달리 딱 봐도 안다. 몸의 자세와 옷차림도 다르지만 큰 특징은 정처 없이 걷는다. 목적은 있다. 그들은 집을 향해 가고 있다. 그렇지만 십중팔구는 집을 찾지 못하시고 헤매기가 십상이다. 출발 지점이 그들의 집 동네가 아니니 익숙한 당신들의 동네에 도착하기 전에 길을 잃어버린다. 10분을 찾고도 못 찾아 포기하고 요양원으로 돌아오니 경찰과 팔짱을 낀 할아버지가 들어섰다. 극도로 피곤해진 할아버지의 손에 난 피가 저절로 응고되어 떡이 되어 있었다. 창틀을 비틀면서 다쳤던 모양이다. 치매 노인들의 증상인 방황

(wondering)을 하다가 밖으로 나가시는 것은 아주 흔한 일이다.

　일단 환자들을 점검하면서 앞이 노래졌다. 52개의 침대에 70%가 채 안 되는 서른 대여섯 명의 노인들을 인수받았다. 라운딩하며 인사를 나누는데 정신은 고사하고 몸을 못 가누어 자리보전(bedridden)을 하시는 사람이 많았다. 요양원은 시설 특성상 모두 경증 환자 대상이다. 환자를 들어올리는 리브팅(lifting) 기계도 없거니와 잘못하다가 직원들이 허리라도 다쳐서 산재(work cover)라도 되면 시작하자마자 골치 아파진다. 인수하고 보니 부엌엔 커피 한 통, 티백(tea bag) 하나 남아 있지 않았는데 혈압계가 있을 리가 없었다. 간호 시절에 쓰던 청진기를 가져다 진단하고 의사, 보호자께 보고하고 병원으로 이송시킨 환자가 일주일간 열 명이나 되었다. 정확히 말하자면 70%가 되는 점유율에서 50%의 환자 점유율(occupancy rate) 밖에 되지 않는 사기 매매를 당한 것이다. 짐작건대 환자 수로 눈속임을 하려고 전 소유주가 운영하는 양로원에서 환자들을 데려다 놓은 파렴치한 행동이었다. 환자들의 보호자가 없고, 돈 없고 힘없는 가족이 대상이었다. 오로지 돈을 버는 것이 목적인 사람들은 인종을 넘어 이 지구 구석구석에 있다는 슬픈 현실을 목격했다.

　양도받아 얼마 동안 일하면서 왜 전 소유주가 싼 값에 팔아 치웠는지를 깨달았다. 전 소유주는 몇 명이 동업하고 있었다. 그들은 이미 다른 양로원을 갖고 있었고 잘되니까 사업채를 늘려 같은 성과를 올리고 싶었던 거다. 하지만 잘못된 판단이라는 것을 1년이 지나면서 알아챈 것이다. 소유주들은 그들이 다른 양로원에서 하던 방식대로 행정에만 관여하고 간호 업무는 간호과장을 두고 운영했다. 양로원의 스케일도 크고 연방정부에 클레임(claim)을 할 수 있으니 경제적으로 문제가 될 리 없다. 하지만 요양원에 간호사를 책임자로 앉히고 운영하니 환자 유치가 힘들었다. 양로원과 달리 사립인 요양원은 병원마다 홍보와 광고를 해서 찾아 나서야 한다. 계획했던 대로 사람들이 차지 않았던 거다. 뒤늦게 시스템이 다르다는 것을 깨닫고 요양원을 양로원으로 바꾸려고 했으나 건물 심사에서 합당성을 인정받지 못했다. 환자를 운송할 침대(strecher)가 움직일 수 있는 복도 너비가 안 되거니와 화장실도 비좁다는 이유였다.

요양원에 오시는 분들은 대부분이 병원을 통해 들어오신다. 많이 아프셔서 병원에 입원하고 치료를 받았으나 집에 가기에는 무리인 경우에 중간 단계로 선택하신다. 주로 병원의 사회복지사들의 권유로 환자들이 부담하기도 하고 그렇지 않으면 병원 예산으로 단기간 보내어진다. 그러다 장기 고객이 되는 경우도 많다.

혹은 집에서 식구들이 감당하기 힘들어지면 부모님들을 보낸다. 그러다가 양로원 대기 목록(waiting list)에 걸어놨던 자리가 생기면 바로 옮겨간다.

그러다 보니 요양원은 대기 발령 정거장이 되거나 점점 치매분들로 대체됐다. 고객들을 가려서 받을 처지가 아니었다. 유동율이 많으니 수시로 입·퇴원이 많고 이송이 많아 바쁘기만 했지 정작 돈은 돌아가지 않을 정도였다. 다행히 내가 간호사로서 힘든 중증 치매인, 펄펄 뛰며 공격적인 분들도 잘 케어한다고 평이 좋았다. 병원에 나의 인지도가 알려지면서 거침없이 보내져 자의 반 타의 반 전문 치매 요양원이 되었다. 다행히 건물을 갈라 중증 치매 병동이 따로 있었기에 가능했다.

만만하게 생각하고 시작만 하면 꿈이 이루어지는 줄 알았다. 그래도 환자들의 간호는 힘은 들었지만, 겁은 없었다. 문제는 여러 다른 곳에서 빵빵 터졌다. 내가 처음 가졌던 초심, 질 좋은 노인 간호라는 꿈을 되새겨야만 나의 의지를 붙들 수 있었다.

사업을 계획할 때는 간호에 그렇게 많은 시간을 소요할 줄 몰랐다. 경리는 물론 모든 행정도 내가 할 수 있을 줄 알았다. 고맙게도 컴퓨터를 잘하는 남편이 경리를 도와주었다. 게다가 오래된 건물에 고칠 곳이 한두 군데가 아니었고 이 역시 능력 있는 남편 몫이 되었다.

정신없이 이어받은 생판 처음 하는 사업에 몰입하다 보니 밥 먹고 화장실 갈 시간도 없었다. 간호실에서 내 사무실로, 부엌으로, 환자 병실로 오가고 있었고 좀 멀리 떨어진 치매 병동으로 뛰고 날아다니는 초인적인 힘을 발휘했다. 원장은 동분서주하는 동안 요양보호사들은 환자 기록(charting)에 많은 시간을 들이는 것이 눈에 거슬렸다. 기록해야 할 것들이 한 두 장이 아니고 환자마다 엄청난 양의 차트 양식이, 다른 병원이

나 양로원에서 쓰는 것과 똑같은 차트를 쓰고 있었다. 요양원의 생태를 모르는 이곳 간호사는 전 주인이 양로원에서 가져다 준 것에 기록을 했었다. 정부에 간호사들이 환자한테 해준 간호와 들어간 물품을 기록으로 증거를 남겨야 하는 수입 청구 방식을 왜 내가 해야 하는지 경악스러웠다.

난 그럴 의무가 없다. 어디서도 돈을 받지 않는다. 내가 환자들을 간호하기에 합당한 기본적인 기록만 있으면 됐다. 밤새워 간단명료한 간호 서식을 만들어 시스템화하였다. 정 간호사(registered nurse)로서의 충분한 경력이 빛이 나는 순간이었다. 게다가 환자의 입·퇴원, 환자의 간호 플랜, 약 목록과 약장 등 시간이 소요되는 기록들은 다 내가 처리했다. 요양보호사들이 본분에 더 열중할 수 있도록 했다.

보건부에서 방문했다. 새로운 인수에 대해 축하해주었다. 그리고 건물의 구석구석, 서류에 있는 것과 합법한지를 보고 랜덤으로 환자들이랑 격식 없게 얘기를 나눴다. 어떤 불만이 있는지 우회적으로 알려는 의도였다. 그들의 의무는 환자들의 안전과 공정한 대우를 기관에서 잘 받고 있는지를 살피고 환자들의 복지를 유지하는 것이다.

보건부 암행어사는 한 달에 한 번 정도 기습하거나 누군가의 불평이 들어가면 언제라도 쳐들어온다. 혼신을 다해서 노인들을 돌보지만 그들이 나타나기만 하면 왠지 신경이 쓰이는 건 감출 수가 없다. 7년 동안 사업하면서 대여섯 번 환자와 직원들의 고발로 검사를 받았다. 사소한 것을 나에게 얘기하면 시정이 될 가벼운 것인데 일을 크게 벌인 그 익명의 사람들이 섭섭하기도 했다. 하지만 한편으로 생각하면 직접 마주 대하기에는 민망해서 그랬을 것이라고 그들의 입장에서 해석하고 모든 걸 수렴해야 진정한 리더라고 생각했다.

생각보다 할 것도 많고 어려움도 많아서 해결하기 막막한 때도 많았다. 할머니 할아버지 간호는 사실 복잡하지는 않지만 체력 소모가 많다. 하지만 사업의 프레임(frame) 안에서 모든 것을 조화롭게 법과 규칙을 준수하며 해야 했다. 그보다 정신적으로 가장 힘들게 한 것은 경제적인 부분이었다. 아픈 노인들을 상대하는 것이지만 질 좋은 간호를 해 드리고 편안하고 안정된 건물과 분위기를 만드는 데는 적잖은 유지비가 필요했다. 보조를 받지 못하는 시스템을 잘 이해하지 못하여 더욱 고생했다. 그래도 버틸 수 있었던 것은 처음부터 꿈을 꾸었던 노인 간호에 열정을 쏟아 그들의 안위와 행복에 전념하겠다는 초심이 있어서였다. 내 원대한 꿈을 펼치는 데 온 우주가 도와줄 거라 믿었다.

05   태산 같은 꿈도 작은 사명감에서 시작된다

나에게는 최근에 생성된 소망이 있다. '다문화 가정 컨설턴트'가 되어 그들의 갈등을 해소하는 데 조금이라도 도움을 주고 싶다. 내가 어려움을 겪으며 체험하고 나서 생긴 좋은 마음이다. 이 다문화 가정이 빚어내는 수많은 갈등을 내 경험을 토대로 상담해주고 조금이라도 갈등을 해소해 자칫 있을 수 있는 최악의 경우를 예방해주고 싶다. 실제 경험자가 영향을 줄 수 있는 설득력과 공감은 좋은 효과를 볼 수 있다.

나의 경우처럼 국제결혼을 하고 애들을 낳고 내 나라, 남편 나라도 아닌 제3국에서 사는 상황은 더 복잡해진다. 아이들의 정체성을 위해서라도 각 나라의 말을 가르치면 좋다. 의외로 애들은 혼란해하지 않는다. 스펀지같이 무엇이든지 빨아들이는 어린아이들이라 문제가 없지만 어른들이 새 언어를 배우는 걸 더 힘들어한다.

문화도 단지 남편 나라 문화만 익히면 되는 것이 아니고 제3국의 문화도 익혀야 했다. 사랑은 모든 것을 이길 것이라고 믿어 의심치 않고 국경도 초월하고 나이 차이도 불사하고 결혼까지 하는 힘이 있다. 그 엄청난 사랑과 배려와 존중이 있으면 언어, 문화의 다름을 인정하기가 쉽다. 하지만 살다 보면, 이 서로 '다름'이 인정되지 않기 시작하면서 갈등이 시작된다.

갈등의 요소 중에 언어와 문화보다 더 중요한 것이 있다면 성격이다. 성격은 인종이나 문화와 아무 상관이 없다. 이 지구상의 어떤 나라에도 좋은 사람, 나쁜 사람이 있고 사람 얼굴 모양이 다 다르듯이 온갖 성격이 있다. 성격이 달라 일어나는 갈등이 자칫 다른 인종 때문에 생겼다고 더 힘들게 생각할 수 있다.

좋아하는 TV 프로그램이 있다. 실제적이고 인간미 넘치는 살 냄새나는 휴먼 다큐멘터리를 좋아한다. 인간들이 살면서 남긴 흔적이 있는 역사가 흥미롭다. 〈이웃집 찰스〉, 〈인간 극장〉, 〈고부열전〉 등 국제결혼에서 일어나는 국제 커플, 고부간의 갈등을 다룬 다큐멘터리에 많이 공감한다. 안타깝고 슬픔을 주는 얘기들이 내 머릿속에 오래 머무른다.

내가 국제결혼을 하고 맞닥뜨린 시댁도 흔하지 않게 어우러진 다문화를 이루었다. 나는 순수한 100% 한국인의 피와 정통 한국 문화를 갖고 있다. 남편은 어머니 아버지가 100% 그리스인의 피를 가지고 있었으니 순수 그리스인이다. 시어머니와 시아버지는 그리스 내전(civil war)에서 같은 당파, 사회주의를 위해 싸우다가 만났다. 하지만 민주주의에 패하자 정치 망명을 갔어야 했고 결혼도 했다. 다행히 폴란드에 망명하여 터를 잡고 살면서 아들 셋도 낳았다. 비록 고마운 폴란드에서 살았지만, 그들은 끝내 폴란드 시민이 되기를 거부하고 찬란했던 고대 그리스인의 자부와 긍지를 가지고 살았다. 집에서는 엄하게 그리스 말만 허락했고 바깥에서는 폴란드 말을 했다. 그러다 호주로 그리스인의 신분으로 이민을 온 경우다.

그러니 시댁의 식탁에는 폴란드, 그리스, 한국 문화와 언어가 오고 갔다. 심지어 시어머니가 만드는 음식이 폴란드 것인지 그리스 것인지 모른다는 민망해하시는 얘기도 가끔 들었다. 요리를 해보기도 전에 전쟁부터 했고 결혼했고, 요리를 배운 곳은 폴란드였으니 충분히 이해된다. 이렇듯 원치 않아도 문화는 스며드는 것이다.

언젠가 나는 손녀를 돌보고 있었고 세 딸은 모여 앉아 이야기하고 있었다. 가끔 들려오는 단어들이 내 귀를 쫑긋하게 했다. 성인이 된 딸들이 지난날 겪었던 혼돈의 시기를 얘기하고 있었다. 나는 전혀 눈치 채지 못했던 얘기들이었다. '정체성의 혼란'으로 어디에도 속하지 못한 이방인의 느낌으로 소외감을 한동안 가지고 있었다고 했다. 내가 놀란 건 붙임성 있고 활발한 성격을 가지고 있는 큰딸이 겪었다는 것이다. 그러니 두말할 것도 없이 조용한 성격의 둘째 딸은 더 했다. 대장부 같은 막내도 맞장구를 치는데 슬그머니 미안해졌다.

애들 셋 전부 같은 갈등을 가지고 힘들었는데도 엄마인 나는 전혀 눈치도 못 챘었다. 물론 아이들이 속내를 드러내지 않아서였지만 그만큼 부모들과 편하게 대화를 할 수 있는 분위기를 만들지 못했다는 점이 안타깝고 후회스러웠다.

다문화 가정의 아이들이 필연적으로 한 번쯤은, 아니 많이 느꼈을 문제들이다. 쉽게 얘기하면 입양아들이 언젠가는 자신이 남과 다름에 대해 의문을 가지면서 정체성의 혼란을 겪는 비슷한 감정일 것이다. 그러고 보니 한 에피소드가 생각난다.

큰딸아이가 중2가 되었을 때였다. 중고등학생이 되면서 많은 아이들이 부모가 등하교 해주는 것을 거부한다. 스스로 대중교통이든 걸어서든 독립적인 개체 행동을 하려 한다. 좋은 현상이다. 하지만 어느 날 하교를 시키려 차를 몰고 학교 앞에서 기다렸다. 딸아이가 나와 늘 앉는 뒷좌석에 앉았는데 인사를 하지 않았다. 그리스의 인사 문화는 양 볼에 키스하는 것이다. 하다못해 한국식으로 '엄마, 안녕!'도 없다. 그리고 한 손으로 휘젓는 손짓을 하더니 빨리 떠나라고 했다. 불쾌하기 짝이 없었다. 당연히 왜 인사도 하지 않느냐고 물었으나 대답도 없고 뾰로통해 있었다.

"내 아무리 택시 운전사라도 이건 아니지!"

나에게 스스로 별명을 붙여준 것이 '모범택시 운전사'였다. 방과 후에도 아직 애들이 취미생활을 하러 갈 때면 데려다주고 데려와야 했다. 집에 돌아온 나는 너무 서러워서 울었다. 세상에서 제일 슬픈 건 남편보다 애들에게서 무시당하는 거다. 바로 전에 친구들 모임에서 들은 얘기가 발단이 되었다. 같은 한국 엄마들이 어떤 애는 이랬대, 저랬대 하며 서로 정보들을 교환했다. 그중 한 아이는 하교해주려고 갔는데 차를 가까이 대지 말고 멀리 대라며 엄청나게 창피해했더란다. 이유는 차가 똥차라서, 혹은 영어 못 하는 엄마를 친구들이 보는 게 싫어서라는 얘기를 듣고 참 씁쓸했었다.

우연히 냉정한 딸의 반응이 모임에서 들었던 시나리오와 겹치면서 못난 엄마라고 무시하는 딸도 미웠지만 나 스스로가 자괴감이 들고 자존심도 상했다. 아빠가 딸을 옹호하며 그럴 리가 없다고 불러서 물어보았다. 딸은 화들짝 놀라서 미안하다고 사과했다. 전혀 다른 이유로 우울했었고 인사를 안 한 건 그냥 그러고 싶었었다고. 사춘기의 시작이었다. 남편의 즉각적인 대화로 딸의 행동이 나의 괜한 오해였음을 알았으니 망정이지 어쩌면 말도 못 하고 오랫동안 딸을 미워하고 섭섭해했을 것이다. 갈등은 아주 사소한 사건에서, 엉뚱한 오해로부터 시작된다. 다문화 가정이기에 평범한 가정에서는 있을 수 없는 경우의 수가 훨씬 더 많다. 아이들과 좀 더 나누지 못해 생긴 빚을 이제 비슷한 갈등을 가진 사람들에게 갚고 싶은 작은 사명감이 생겼다.

　다문화 가정의 편견과 차별의 대표적인 사례는 멀리 있지 않은 나의 시어머니 이야기가 있다. 그 옛날, 그리스 내전 중에 여자가 사회주의 옹호자로 앞장섰을 만큼 자기 주관과 정체성이 뚜렷한 자존심 강한 여자였다. 터키에 400년을 지배당하고도 살아남은 그리스인의 DNA를 가진 선조들의 후예가 맞다. 그런 자긍심 강한 엄마 앞에 큰아들이 결혼하겠다며 데려온 여자가 폴란드 여자, 대학 친구였다. 정치 망명으로 고맙게 터를 잡고 사는 나라, 자식들도 폴란드에서 태어나 모국어보다 폴란드 말이 더 익숙한 나라면 거의 폴란드 사람이 아닌가? 하나도 이상하지도 않고 확률로 봐도 있을 수 있는 시나리오가 아니던가.
　하지만 시어머니에게는 어림없는 소리였다. 화가 난 엄마는 아들의 여행 가방을 챙겨 현관문에 놓고 당장 양자택일하라 했다. 하지만 이미 아리따운 금발의 미대생에게 사랑에 빠진 아들에게 흐르는 그리스인의 붉은 피는 벌써 핑크빛이었다. 여자친구를 선택한 아들은 친구들을 카페에 모아 놓고 반지만을 주고받으며 결혼했다. 이후 6개월 동안 몸져누워 있던 시어머니는 아들과 며느리를 용서했다. 결국 시부모님들은 아들의 절절한 사랑 때문에 강철같은 외국인에 대한 편견이 깨어졌다. 또한 시아주버님이 만들어놓은 선례가 초석이 되어 나를 도울 줄을 누가 알았을까.

"너희 집에서도 나를 받아주지 않으면 어떡하지?" 나의 아버지가 일언지하에 우리의 결혼을 반대하셨을 때 내가 남편에게 물었었다. 천륜을 끊자는 아버지의 비정함을 보았기 때문에 은근히 시부모님도 걱정이 되었다. 그때 남편은 날 안심시키며 이 눈물겨운 이야기를 웃으면서 해주었다. 이미 큰 수험료를 내고 배웠다고 하셨다.

다른 측면에서 보면 같은 인종이 아니면 결혼을 반대하는 것 또한 '인종차별'의 범주 안에 들어간다. 인종이 다르고 색깔이 다르다는 이유로 보지도 않고 무조건 반대하는 처사는 인간을 존중하지 않는 무례한 일이다. 이민자들은 이민을 결정할 때부터 이민 생활이 힘들고 어려울 것을 각오 하고 간다. 하지만 팍팍한 생활은 좋아지지 않고 가정 내에서 일어나는 갈등은 누구에게도 호소할 수 없다. 삶의 질이 떨어진다. 가정이 행복해야 모든 삶이 의미가 있다. 자칫 잘못된 생각으로 비장하게 마음을 먹고 떠나왔던 일이 모두 허망해질 수도 있다.

정신적, 육체적, 정서적으로 다문화 가정들이 갖는 갈등들은 점점 많아지고 있다. 나는 건강한 국제 커플의 관계를 유지하고 세상을 바꾸는 데 관심을 갖고 돕고 싶은 작은 사명을 느낀다. 그래서 '외국인 한국인'으로서 당당히 그들 중 누군가는 이민자의 자손으로 미국 대통령이 된 버락 오바마처럼 위대한 한국을 이끌어갈 수도 있을 거라고 생각해본다.

06   올바른 정체성이 문화를 지킨다

모든 사람은 가족에게 인정받고 싶어 하고 동시에 자신의 문화적, 인간적 정체성이 인정받기를 원한다. 문화권은 하나의 생존권이라는 말이 유네스코 아시아 · 태평양 국제이해 교육원에서 펴낸 『다문화 사회의 이해』에 나온다.

즉 '나는 어디서 태어난 무슨 종자인가가 곧 나의 정체성이며 내 문화인 것을 인정하라'는 것으로 해석하면 쉬울 것이다. 여행을 제외한 어떤 이유로든 내 나라를 떠나 다른 나라에 가서 이주민이 되면 내 문화 위에 다른 문화를 덮어씌워서 다문화로 살게 된다. 잘 화합하고 적응해야 하는 과정에서 생기는 혼란과 갈등이 생기게 마련이다. 이주민 1세대가 잘

섞이지 못하면서 생기는 가정불화, 2세대와의 갭(gap), 사회적인 고립에서 발생하는 좌절, 우울 등이 신체적, 정신적으로 영향을 받게 된다.

맨 처음 해외 근로자 간호사로서 사우디에 갈 때 국가기관에서 운영하는 교육을 하루 받았었다. 주로 한국인으로서의 자긍심과 공산주의 사회체제를 조심하라는 이념 교육을 받았다. 외국에 나가서 알았다. 그것 또한 '반공'이라는 포장으로 '민주주의 세뇌'를 시킨다는 것을 깨달았다.

친구 소개로 남편이 보내온 연필로 쓴 편지지 반 장의 자기소개서(?)에 이름 다음으로 쓰여 있던 남편은 그리스인이지만 사회주의 폴란드에서 태어났다고 했다. 말하자면 자기의 정확한 정체성을 피력한 것이다. 처음에는 겁이 났고 잘못 사귀었다가는 그에게서 나쁜 영향을 받고 해외에 잠입한 북한 사람들에게 이용당할까 봐 걱정했었다. 그런데도 그 이상을 뛰어넘는 매력으로 그대로 직진했다. 그와 그의 가족, 호주인들은 경계하는 나의 반응을 의아하게 생각했다. 남편은 학교에 다니면서 심지어 폴란드 대통령 이름도 몰랐고 형은 대학 때 친구들이랑 클럽에 다녔다고 해서 깜짝 놀랐다. 시부모님들이 사회주의를 옹호하다가 정치 망명을 했음에도 가족 혹은 학교로부터 이념 교육을 받아본 적이 없다고 했다. 최고의 복지 국가, 사회주의 스웨덴과 다를 것이 없었다. 내가 아는 북한의 실상과 너무 달랐을 뿐만 아니라 우리 민주주의 나라와 다른 것이 없었다. 그때야 나도 모르게 다른 편향적 민주주의(biased democracy)에 세

뇌가 되었음을 인식했다. 우리나라도 나도 세계 정세에 있어서 우물 안 개구리였음을 알았다. 좀 더 객관적이고 중립적인 관점으로 세계를 볼 수 있는 계기가 되었다. 내가 86년 유럽 배낭여행을 할 때만 해도 동유럽들과는 수교를 맺지 않아 가지 못했던 것이 88년 이후 개방으로 세계화를 시작하면서 우물 안 개구리는 세상 밖으로 나왔다.

결혼하면서 이미 두 민족의 며느리들이 있는 시댁에 한국인이 더해져 이제는 동서양의 글로벌 민족의 다문화 가정이 되었다. 워낙 음식은 가리지 않고 먹는 성격이라 커다랗게 불편하지 않았다. 언어가 문제였다. 시댁만 해도 그리스, 폴란드 말을 잘하는 편이고 영어는 시부모님만 빼고는 실제 제1외국어였다. 소통은 영어로 했지만도 늘 언어장벽을 느끼고 살았다. 알게 모르게 주춤거리고, 피하게 되고, 못 끼게 되는 일이 스트레스로 다가왔다. 그래서 이민자들은 같은 민족끼리의 공동체, 커뮤니티끼리만 만나게 되는 어쩔 수 없는 속성이 있다. 그러다 보면 영어를 쓸 노출의 기회가 줄고 영어는 더 안 느는 악순환이 되기도 한다. 남편과 영어를 쓴다지만 공부를 꾸준히 하지 않고 책을 읽지 않으니 많이 늘지 않았다. 조금만 전문 분야로 들어가면 놓치게 된다. 뉴스나 남편하고의 대화 수준은 간신히 유지하지만 빠르고 웅얼거리는 아이들이 하는 말은 반도 이해를 못 한다. 참 이상한 일이다. 한국말은 아무리 빨리 하고 뭉개도 잘 알아들었는데 말이다. 아무리 바빠 살았다고 해도 언어만큼은 시간을 내서 배우고 연습을 못 했던 점이 제일 아쉬운 일이고 나에게 실망

스러운 일이다. 같은 답답한 심정을 가진 사람들에게 강하게 권유하고
싶다.

"언어는 미루지 말고 당장 배워라.

그래야 다문화 사회에서 사람답게 산다.

그러면 나의 두 정체성이 뚜렷해진다."

같은 문화를 지키고 즐기는 일은 참으로 바람직하다. '그리스인 호주
인'들은 멜버른에 이미 터를 잡고 사는 인구가 본국 아테네 다음으로 많
다고 한다. 그들은 그리스 식당에 작은 행사만 있어도 사람들이 식탁 밖
에 나와 그리스 부즈끼(기타보다 작고 통은 더 둥근 현악기) 음악에 맞춰
그리스 전통춤을 춘다. 재미있는 사실은 그 전통 춤은 본국에서는 사라
지고 있지만 외국으로 이민 간 그리스인들이 전통을 더 잘 지킨다는 것
이다. 사람들이 밖에 나가면 애국자가 된다.

자신의 문화적 유산을 부정하는 것은 민족주의나 인종주의와 같은 배
타적 긍정만큼이나 위험한 것이다. 자신을 부정하는 사람은 결코 타인
역시 긍정하기 어렵다고 했다.

나도 한국에서 살 때는 전통문화를 생각해 본 적이 없었다. 하지만 멜
버른에서 아이들 초등학교 때 한국무용을 몇 년간 가르쳤고 이어서 남편
도 한국 장구를 7년을 친 유일한 외국인이었다. 나 또한 장구와 무용을
배워 '멜버른 소리패' 정기 공연을 10년을 하며 애국심과 문화적 정체성
을 지키고 살았다.

90년대 중반부터 호주에서 전격적으로 간호사 일을 시작하면서 처음으로 인종차별을 실감했다. 내가 다니던 병원은 환자의 대부분이 이스라엘인(Jewish)이었다. 대놓고는 아니었지만 몇 번의 불쾌했던 경험이 있었다. 분명한 것은 동양인이 아니었다면 같은 반응을 보이지 않았을 것이라고 생각한다. 어쩌면 언어장벽의 콤플렉스에서 나 스스로 해석했을 수도 있지만, 혼자만의 심약한 정체성으로 자신감이 없어서 그랬는지 모르겠다. 유창한 영어로 내 생각을 잘 표현했었더라면 타인 역시 나를 무시하지 못했을 것이다.

호주는 대표적인 다민족으로 이루어진 이민 국가인데도 오랫동안 백호주의를 내세웠다. 그렇지만 인구 감소와 국제사회의 안 좋은 시선, 경제적 필요 등으로 다문화주의로 정책을 바꾸었다.

처음에 먼저 이민 온 북유럽 사람들은 남유럽 사람들이 이민 올 때 많이 배척했다. 다음으로 동양인들이 들어올 때는 그리스, 이탈리아 등 남유럽 사람들이 싫어했다. 시집살이 설움을 당해본 며느리가 더 혹독한 시어머니 노릇을 한다는 얘기가 사실인가 보다. 지금은 아프리카 사람들이 공부, 직업의 이유로 많이 들어왔다. 하지만 바뀐 정책과 교육으로 사람들의 의식이 많이 개선되어 아프리카 사람들은 나름 잘 적응을 잘하는 것 같다. 게다가 많은 아프리카인들이 영어를 모국어로 쓰는 이점이 사회 속에 어우러지는 데 훨씬 수월했을 것이다. 학교에서 영어로 수업 받는 인도인들과 필리핀 이민자들이 직장을 잘 잡는 이유다.

호주는 2014년부터 교과과정으로 다문화 교육을 시작한 이후 아이들이 어려서부터 상호문화적 이해에 빨리 접근하였다.

1994년, 큰딸이 유치원에 다니던 때였다. 동양인은 한 반에 몇 명도 되지 않았었다. 둘째 딸은 두 살이 조금 넘었고 셋째를 임신 중이었다. 다문화의 화합에 힘을 쓰시는 선생님께 한국의 음식을 아이들에게 보여주겠다는 제안을 했다. 쇼핑센터에 가면 일본 스시점이 있지만 그때는 인기 있는 메뉴는 아니었고 거의 한정된 손님만 찾았던 때였다. 하지만 일본 김밥이 아닌 정통 한국 김밥을 소개해주고 싶었다. 큰딸도 엄마가 유치원에서 무언가를 한다고 으쓱할 나이였다. 집에서도 잘 해먹지 않았지만 좋은 기회였다. 무거운 몸을 이끌고 재료들을 바리바리 싸서 딸 둘을 데리고 가 시범을 보였다. 시범을 보이고 딱 2조각씩 접시에 담아서 주었다. 20명도 안 되는 애들 중 서너 명만 먹고 나머지는 입에 대기조차 꺼렸다.

"선생님, 까만 종이… 뭐…뭐예요?"

맙소사! 그렇게까지 저조한 반응이 나올 줄 몰랐다. 아이들이 예의가 없는 것이 아니고 솔직하게 표현하는 나이인 거다. 부모님들이 주는 음식만 먹었을 테고 부모님들도 외국 음식에 관심이 없었다는 얘기였다. 나는 큰 깨달음으로 섭섭하지 않았다. 주선한 선생님도 조금은 민망해했지만, 의미 있는 활동(activity)이라고 했다. 그런데 그로부터 서서히 스시나 김밥은 외식의 단골 메뉴가 되었고 지금은 나의 한 살, 세 살 손주들의 최애 식품이 되었다. 문화는 먹는 것부터, 언어로부터 스며든다.

  이주 노동자 수는 2006년 말 기준 42만 명이던 것이 22년 6월 기준 법무부의 출입국, 외국인 정책 통계를 보면 한국에 체류 중인 외국인은 205만 6천 명으로 이중 거의 40만 명이 미등록 이주 노동자들이다. 이제는 소수민족이라고 무시할 수 없다. 물론 이주 노동자들을 위해 보다 나은 노동 조건이나 제도의 빠른 개선이 필요하고 국가적 차원으로 들여다보아야 하는 문제이다. 우리의 관심과 소리를 내어야 국가도 움직일 수 있다. 문화충돌을 예방하고 상담이나 어려운 일을 쉽게 풀어가는 방법은 이주민의 나라와 그들을 이해하려고 하는 열린 마음에서 시작된다. 다문화 가정에서 생기는 심리적인 두려움과 불안을 겪는 갈등을 낮추어 그들의 정체성을 잘 지킬 수 있도록 도와야 한다. 어둡고 손길이 닿지 않는 곳에서 내는 그들의 목소리가 우리의 가슴을 먹먹하게 한다.

Happiness **MAP**

3장

매일
행복 습관을
실천하는가

01   내 행복은 내게 달렸다

사람들은 언제 행복을 느끼는가. 언제 행복 바이러스 도파민이 마구 솟구칠까. 어떤 이는 사랑하고 연애할 때, 인생의 목표를 이룰 때, 노력 후에 갖는 성취감을 느낄 때, 돈이 많을 때, 가족을 만들었을 때뿐만 아니라 사소하게 맛있는 음식을 먹을 때도 행복하다고 느낀다. 그럼 불행은 이 반대인가!

문제는 이 모든 것을 이룬다고 해서 행복이 영원히 지속되지 않는다는 것이다. 사랑은 3년의 허니문이 지나면 시들기 시작하고 돈은 어느 정도 축적되면 소득이 증가해도 행복과 비례하지 않는다. 인생의 목표를 이루고 나면 금세 타성에 젖어 더 이상 행복을 느끼지 못한다. 그래서 우리

는 언제나 원하는 것, 바라는 것을 갖거나 성취할 때 느끼는 행복 지수를 높이기 위해 끊임없이 찾고 노력한다. 내게도 '세상에 행복이 이런 거였어?'라는 순간이 찾아왔다. 처음 맛보는 기분 좋은 행복은 언제 다시 없어질지도 모른다는 막연한 불안도 느낄 정도지만 부정 탈까 봐 애써 머리를 털곤 했다.

가까운 친구 한둘만 나의 결혼을 알았었기에 결혼식 다음 날 서둘러 뉴캐슬에 올라갔었다. 교수님도 모르는 일인데다 실습 첫날을 놓치고 싶지 않았었다. 지금 생각해도 너무 순진했었다. 어떻게 남은 공부를 했으며 논문을 어떻게 통과했는지 모르겠다. 내가 종강하는 날에 맞추어 남편과 스웨덴으로 가서 꿈같은 허니문을 6주간 지냈다. 호주로 돌아오기 전에 한국에 들렀다. 아무리 아버지가 결혼을 반대했어도 찾아뵈어야 했고 아버지도 신랑을 좋아할 거라는 확신이 섰다. 가는 날이 장날이라고 내가 서울에서 자랐던 집을 떠나 대전 대덕단지로 이사를 가신 직후였다. 여기저기 짐 꾸러미를 아직 풀지 못했고 벽에 붙일 액자며 시계들도 널브러져 있었다. 인사를 마친 남편은 말이 없는 아버지 뵙기도 쑥스러웠는지 팔을 걷어붙이고 짐도 정리하고 벽에 못질도 하며 도와주었다. 설상가상으로 한창 추운 한겨울 날 밖에 세워놓은 아버지의 차가 고장이 났다. 당연히 남편은 차의 보닛을 열고 이리저리 살피다가 아버지의 연장을 빌려 간단하게 고쳐놓았다. 그러니 말도 못 하고 생김새도 다른 이 외국인 사위가 아버지 눈에 얼마나 신기해 보였겠는가. 못마땅해 했던 사위가 꽤 듬직해보였는지 다음 날 새벽 나에게 말씀하셨다. "딸, 신랑 잘 골랐어. 아주 믿음직스러워." 아버지와 나는 서로 섭섭하고 야속한 마음이 풀어지지 않은 상태였다. 결혼하면 어차피 호적에서 파낼 딸이라는 둥 딸도 많은데 하나쯤 없어도 좋다고 하신 말로 나를 울리셨었다. 사위는 또 얼마나 괘씸했겠는가. 그러니 어디 두고 보자는 마음으로 지켜본 사위가 흡족하셨으니 조금은 민망해서 나에게 툭 던지신 말이었다. 참으로 다행스러웠고 행복한 순간이었다.

결혼에 이어 허니문 베이비까지 임신했다. 이번에도 혼자였다. 산부인과 병동에서 가장 작은 동양 여자가 가장 큰 아기를 낳고 묶어줄 만한 까만 머리가 한 아름인 딸아이를 진공분만(vaccum delivery)으로 낳았다. 아이를 낳자마자 샤워하라 해서 들어갔다가 남편의 팔에 들려 나왔다. 더운물에 혈관이 이완되어 혈압이 떨어졌었다. 미역국 한 번 먹지 않았고 뜨거운 방바닥에 한 번 지져보지 못했어도 서럽거나 속상할 틈이 없었다. 사자성어에 '대실소망'이라는 말이 있듯이 기대가 크면 실망이 크다고 했다. 남편의 식구나 한국에서 그 누가 나의 산후 뒷바라지나 아이를 돌봐줄 사람이 없었기에 아예 기대를 안 했으니 실망도 없었다. 다행히 남편은 퇴근 후 아이들은 돌보았다. 그렇게 산후조리 없이 키워낸 세 딸이 이제 성년이 되어 큰딸이 제 아이들을 낳았다. 내가 받지 못했던 산후조리를 꼭 딸에게 해주고 싶었다. 딸에게 매일 고맙다는 말을 들으며 나도 모르게 꽁꽁 쌓아놓았던 한을 풀고 싶었던 것 같다.

"카운터에 당신에게 꽃 배달이 왔어요."

"잘못 온 걸 거예요. 꽃 받을 일이 없거든요."

남편은 우아하고 아름다운 큰 꽃 상자를 들고 퇴근했다. 꽃을 놓고 내 게로 다가와 겸연쩍은 웃음으로 나를 꼭 안아주었다. 결혼하고 몇 년이 지나도 결혼기념일다운 이벤트는커녕 이제는 아예 기억도 하지 못했다. 그대로 놔둘 일이 아니라고 판단한 뒤 남편에게 최고의 기억으로 남겨 절대 기념일을 잊지 않도록 깜짝 배달로 나의 서운함을 표했다.

"Do you awfully accept *** as your husband?(당신은 끔찍하게 A를 당신의 남편으로 받아들입니까?)"라는 카드 메모와 함께. 이 엄청난 에 피소드는 결혼 서약할 때 있었던 일이다. 주례사가 신랑 신부에게 서약 서를 한 구절씩 선창하면 따라 하는 것이다. 그런데 갑자기 하객들이 폭 소했다. 나는 영문을 몰랐고 오히려 남편이 당황하며 겸연쩍게 웃는 것 을 보고 이유를 알아차렸다. 주례사가 선창한 Lawfully 대신 awfully로 말을 했던 것이었다. 'lawfully(법적으로)'라는 영어 단어가 law의 부사인 줄도 몰랐고 알아도 L과 R의 발음을 한국 사람들은 잘 구분하지 못 해서도 실수는 벌어질 수밖에 없었다. L 철자 하나의 위력과 발음이 만 들어내는 엄청난 실수는 커다란 창피와 충격으로 남아 지금도 L과 R 발 음은 틀리지 않는다. 당연히 남편은 이 에피소드 이후 결혼기념일을 알람으로 세팅해놓았다.

남편은 완벽주의자이고 정의롭고 부지런하고 가족애, 형제애가 남달랐으며 자존심이 강한 남자였다. 자신의 점심값은 아껴도 문을 두드리고 도와달라는 사람을 그냥 보내지 않는 이타적인 사람이었다. 매달 월급을 타는 안정적인 직업에 낭비벽도 없는, 엄마 말을 빌리면 100점짜리 신랑이다. 결혼 10년은 '정말 이래도 되나' 할 정도로 너무 행복했다. 육아로 정신없이 나를 잊고 살았던 이때는 남편의 사랑만으로도 모든 것을 이기게 했다.

막내딸까지 학교에 들어가고 찾아온 권태기는 심했다. 행복했던 10년은 엄마와 부인으로였지만 갑자기 돌아본 '나'는 어디에도 없었다. 나의 입장에서 생각해보기를 어려워하는 공감 능력이 없는 남편이 서운해지기 시작했지만, 알아달라고 매일 치댈 수는 없었다. 맛있는 고기는 사이사이에 마블링이 있어서다. 내가 필요로 한 것은 이 폭신한 마블링 같은 칭찬과 인정이었다. 완벽주의자들은 남의 미숙함을 이해하지 못한다. 내게는 어려운 일이 아닌 것을 남은 못 할 수도 있다는 것을 모른다. 그도 그랬다. 게다가 아이들이 사춘기가 되면서 보이는 반항이나 말대꾸를 극히 힘들어했다. 그는 변성기를 겪으며 여자들이 생리통이 있는지를 궁금해하지 못했다. 엄마에게 늘 바른 생활 예스맨으로 살았던 마마보이는 절대 장미 꽃 속에 가시를 볼 수 없었다.

남편이 가진 많은 장점들과 존경스러운 마음은 나의 권태와 실망을 이기는 듯했다. 남편은 분노를 잘 이기지 못했고 그 분노 조절을 못 한 이유로 스스로 우울해했다. 아이들의 속은 나를 많이 닮았는지 바른말을 하고 도전하기를 두려워하지 않았다. 가부장적인 아버지와 살면서 빚어내는 갈등들을 대신 풀어줘야 했고 하고픈 것들을 아버지 몰래 허락해서 기회를 갖게 했다. 남편과의 잦은 냉전이 길어지면 나는 더욱 말을 할 수 없었다. 정서적 학대(emotional abuse)라고 나중에 알았다. 결국은 목소리를 잃어가고 우울증으로 발전하더니 불안장애까지 왔다. 하루아침의 일이 아니었고 지난하게, 서서히 그에게 허락한 것이 되었고 그는 자연스럽게 익숙해진 결과다. 그러니 내게도 책임이 충분히 있다. 나의 행복을 그에게 온전히 맡긴 탓이다.

오종남 교수의 『빅퀘스천-행복한 사람은 무엇으로 사는가?』에서 행복에 이르는 3가지 비결이 있는데 첫 번째가 바라는 것을 낮추고 절제하라고 했다. 이제는 남편에게 행복 바라기를 절제하기로 했다. 아니, 내려놓기로 선택했다. 불안장애로 받았던 심리학자와의 상담을 계기로 나의 존재감을 깨닫게 되었고 나답게 살기 위해서는 내가 주체가 되어야 한다는 것을 배웠다.

"더 이상 존중하지 않아!"의 단 한 문장으로도 충분히 남편의 자존심을 건드렸고 용서받을 수 없는 여자가 되었다. 남편이 좋을 때는 나를 꽃처럼 다루었고 하염없이 바라봤었다. 하지만 그 꽃의 향기가 사라지는 것을 눈치 채지 못했다. 난 그의 옆에서 향기 나지 않은 채로 남은 30년을 더 시들고 바스러지도록 방치할 수 없다. 더 이상 조화(fake flower) 같은 나의 모습을 바라보지 않게 하는 것이 내가 그에게 보여야 할 마지막 책임이다.

그곳에 더 이상 행복한 얼굴은 없다….

매일 성공 확언을 선포하라

  저자 할 엘로드(Hal Elrod)는 『미라클 모닝』의 핵심에 확언(Affirmation)을 강조한다. "어떤 사람이 되고 싶고, 무엇을 성취하고 싶으며, 어떻게 성취할지 확신의 말을 크게 소리 내서 말하라"고 한다. 나는 매우 현실적이어서 수고를 하지 않고 무언가를 바라는 것은 로또에서 당첨이 되는 어마어마한 0.0000001% 확률을 기대하는 것과 같은 공짜 심리라고 좋아하지 않는다. 하지만 이것이 왜 가능한지의 이론은 론다 번(Rhonda Byrne)의 『시크릿(Secret)』에 끌어당김의 힘의 법칙을 이해하면서였다.

  "비슷한 것끼리 끌어당긴다." 무언가를 생각하면 비슷한 것들이 서로 끌어당긴다는 이론이다. 나 자신을 자석이라 가정하는 관점이다. 내가 오늘 하는 것은 과거에 내가 어떤 것들을 생각하며 살았느냐를 말해주며 내가 지금 가장 많이 생각하는 것이 현실이 된다는 것을 알게 해준다. 그러면 왜 확신의 말을 실천하기가 어려울까?

기적처럼 만난 책 쓰기 코칭 선생님이 도서관을 다니며 책상 앞에 배회하고 있는 나를 '지금 당장' 글을 쓰게 했다. 그것도 고마운데 내 허파 꽈리에까지 꽉 껴 있는 조각조각의 글감들을 손바닥으로 가슴을 퍽퍽 치고는 준비되었으니 목젖을 누르고 '퉤퉤!' 뱉으라 했다. 누구나 한 번쯤, 한 권의 책을 내 이름으로 내고 싶어 하는 것이 내게도 있었다.

긴 결혼 생활 동안 조용히 살면서 가슴속에 묻어놓은 말들이 많아서일지도 모른다. 열심히 살아온 날들을 정리하고 싶은 마음이 간절했었다. 다음으로 나의 딸들에게 남겨주고 싶은 유산, 정신적인 자산이 되기를 바라서다. 다문화 가정의 형편상 아이들의 모국어는 영어다. 학교에 가기 전까지 아이들은 영어를 쓰지 않았다. 우리 부부는 영어를 썼지만, 아빠는 그리스말을 했고 나는 한국말로 아이들과의 대화가 충분했다. 내가 아이들에게 한국말로 물으면 옆의 아빠에게 그리스말로 대답했다. 문제는 아이들이 학교에 다니면서 영어가 지배하기 시작했다. 아이들끼리의 소통은 자연히 영어가 되고 점점 그리스말과 한국말의 어휘가 부족해지니 화제의 확장성이 좁아지고 대화의 한계를 느꼈다. 모녀간의 대화 단절을 막기 위해 영어를 허용했다. 또한 나의 언어장벽도 만만치 않은데다 아이들이 사춘기를 지나면서 더욱 갭을 느끼기도 했다. 그들에게 못다 한 말들, 하고픈 말들을 책에 남기려고 지금 책상에 앉았다. 이것이 엄마에 대해 더욱 이해하는 기회가 되면 좋겠고 한국인의 피가 흐르는 아이들이 한국의 역사에 대해, 한국인의 정서, 문화들과 더욱 친근해지는 기회가 되면 좋겠다. 아이들이 원한다면, 영어 번역쯤이야 쉽게 AI가 친절하게 몇 초 만에도 해줄 수 있을 테니까.

남편과의 '독립선언'을 하고서 거의 30년 된 사랑을 찢기란 죽을 만큼 힘들었다. 아무도 나를 알지 못하고 나도 그 누구를 모르는 곳으로 도망치고 싶었다. 혼자만의 시간이 필요했다. 프랑스 파리로 가서 기차를 바꿔 탔다. 생장 피에드포르에서 내려 순례자로서 등록을 끝내고 뒤늦게 등산용 스틱도 샀다. 힐링의 기적을 소망하고 나을 것이라고 선포하며 산티아고의 길 위에 섰다. 산티아고 순례길을 준비하는 많은 사람들이 매우 고뇌에 찬 것처럼 보였다.

카미노 데 캄포스텔라의 길은 서너 길이 있다. 가장 유명한 코스로 험난하고 긴 루트는 프랑스에서 시작하여 첫날 해발 1,410m 높이의 피렌체 산을 넘는 길이다. 포르투갈로 가는 800km의 여정이다. 해 뜨기 전 스틱을 번쩍 치켜들고 호기롭게 시작하였다. 오후에 시작된 하산 길, 새로 준비한 신발임에도 양쪽 엄지발가락이 까맣게 멍이 들었다. 절대로 만만하게 보지 말라는 신고식 같았다. 하루하루가 도전이었고 걸어서 앞으로 나가는 것만이 최고의 우선순위였다. 걷기 위해 먹었고 걷기 위해 잠을 잤다. 생존에 필요한 것 이외에 아무것도 할 수도 없었고 할 이유도 없었다. 인터넷도 시작하면서 끊겼다. 휴대폰은 거의 사진이나 동영상을 찍는 도구다. 오늘 잘 걸으면 되고 오직 내일 어디까지 가는지만 계획하면 된다. 아무도 그 이외의 것을 하지 않는 것 같았다. 적어도 나는 그랬다. 생각이 단순해지고 복잡한 과거는 이제 쓸데없었다. 모든 이가 똑같은 시작 선상에 있는 느낌이었다. 경쟁도 없고 욕심도 없는 곳이었다. 지나가는 어려운 사람들을 돕고 배려하는 순수한 마음을 가진 아름다운 사람들이 지나는 지옥 같은 천국길이다.

산티아고라는 이름은 예수님의 제자 야고보를 스페인식으로 부르는 이름이다. 처음 순례를 시작하여 2,000년이 넘도록 오직 사람들의 발자국으로 생긴 이 길은 가는 동안 화장실 한 개 없는 인공의 손이 닿지 않았다. 볼일이 생기면 숲속에 들렀다 나오면 된다. 숙소로 사용하는 기숙사(알베르게)에 한 사람당 침대와 베개 하나 달랑 있다. 베드버그(bed bug)도 아주 빈번하다. 그야말로 순례자의 마음이 아니면 현대 문명이 전혀 없는 오지의 800km 길을 걷는 것은 너무 힘들다. 이런 극기 훈련은 개인의 능력에 따라 다르지만 매일 25~30km를 걷는다면 쉬는 날을 포함해 30일에서 40일 정도 소요된다. 뚜렷한 목적을 가지고 마음의 준비를 단단히 하고 순례길을 가기를 적극적으로 추천한다. 걷기 연습도 하여 체력도 만들어 가면 더 좋다. 40일 동안 내내 발바닥의 물집으로 고생하고 저녁마다 물집을 따고 실을 꿰어놓았다. 아침저녁 진통제를 매일 두 번씩 먹고 강행했다.

앞에서 무릎이 아파 기다시피 가는 젊은 여자에게 다가가 가지고 있던 스틱 한 개를 주었다. 생명의 은인처럼 고마워했다. 며칠 후 하나의 스틱으로 미끄러지며 쓸려 내려가는 산길에서 허우적거리는 나에게 전혀 못 알아듣겠는 스페인 말을 하며 스틱 하나를 건네받았다. "아~ 이거구나!" 눈물이 났다. 아무것도 없는 환경에서도 멋진 세상을 만드는 휴머니즘이 존재한다는 것을 보았다. 이런 인간 극장 같은 스토리는 매일 벌어지고 있었다. 극기 훈련과 배움의 체험 길이었다.

80세가 훨씬 넘은 독일 할아버지께서 아슬아슬하게 자갈길을 걸으니 많은 사람들이 예의 주시하며 걷고 있었다. 다 손주 같은 마음으로 행여 넘어지시면 도우려고 그랬을 거다. 오후 늦게 도착한 알베르게 숙소에 이미 자리가 없었지만, 사람들은 관리자에게 사정해서 자리를 만들어 할아버지를 눕혔다. 같이 도착한 나는 그날 4km를 더 걸어갔다. 현금인출기의 과다 이용으로 현금을 찾지 못한 할아버지는 맥주(독일은 음료처럼 마신다)를 사지 못했다. 그렇지만 너도 나도 사다 드린 맥주가 다른 사람보다 더 많았다는 이야기는 다음 날 길 위에서 들은 훈훈한 감동 스토리다.

세계 각국에서 굳이 이 힘든 일을 하러 오는 사람들의 이유는 다양하다. 저마다 가지고 온 멍에를 내려놓기 위해 오는 사람들이 많다. 생의 한가운데 잠시 멈추어 '나는 누구인가?', '어디로 갈 것인가?'의 질문을 가지고 걷기 시작한다.

전혀 모르는 길이지만 노란 조개껍질 상징의 이정표대로 믿고 간다. 내가 제일 많이 한 것은 생각과 명상이었다. 엄청난 수련과 인내를 해야만 '카미노 데 콤포스텔라'의 대성당 목적지에 도착한다. 그리고 성당의 광장에 들어서면 모두 다 승리자가 된다. 눈인사만 했던 동행자들도 이때는 서로 축하해주고 잘 견디었다고 칭찬해준다. 언젠가 하룻밤을 같이 보낸 미국 해외동포 일행이 나를 알아보고 잘했다고 하는데 얼싸안고 엉엉 울었다. 광장의 사람들은 다 형제자매로 콘크리트 바닥에 드러누워 한참을 승리와 감동의 도가니에 심취한다.

걷는 내내 오매불망 '끝까지 걷는다.', '나는 할 수 있다.', '광장에서 펄쩍 뛰는 내가 보인다.', '나에게 성공의 초석을 만든다.'라는 긍정의 생각만 했다. 나에게 최면을 걸며 있을 수 있는 최고의 잠재력을 기대했다. 우리는 무엇이든 바꿀 수 있다. 생각이 현실을 만들고 우리의 무의식을 변화시킨다고 했다. 그렇다면 생각만 긍정적으로 바꾸면 된다는 간단한 논리다.

육체적 한계를 뛰어넘는 고행의 연속에 포기하지 않고 걸을 수 있는지의 의구심을 이기고 내면의 정체성 확립이 어떻게 이루어질지 궁금했다. 신기하게도 우리네의 삶의 여정은 꼭 산티아고 길과 닮아 있다. 평탄한

길, 굽은 길, 산길, 들길, 자갈길, 비포장길, 시골길, 때로는 여럿이서 걷지만 결국은 나 혼자 남아 걷는다. 인생도 저마다 크고 작은 고민과 멍에를 짊어지고 길을 지나야 할, 삶을 살아내야 하는 엄중한 의무가 우리 앞에 놓여 있다.

더 큰 발견은 위대한 자연 앞에 크다고 생각한 나의 짐은 그저 아무것도 아니었다. 미니멀리스트(minimalist)가 되었고 겸손해졌다. 날이 갈수록, 돈이 많을수록, 사회가 발전할수록 더 편리해지는 기기들과 물건들은 40일 동안 하나도 필요하지 않았다. 이제 상처는 굳어졌고 힘겨웠던 멍에는 높디높게 솟아 있는 십자가 밑에 작아서 못 신은 내 신발과 묶어 내려놓았다. 내려놓은 자리에 새로이 시작될 인생 3막의 주인공이 우뚝 서 있다.

어느새 아침 해가 스포트라이트(spot light)처럼 나를 비추었다.

03   성장이 없으면 행복도 멈춘다

    사람은 누구나 자기 자신이 '나'를 제일 잘 안다. 소크라테스가 말하는 "너 자신을 알라"는 '그러니까 잘 처신해라'라는 속뜻이 함축되었다고 생각한다. 누가 나에 대해 충고라도 하려고 하면 사람들은 이제 '지적질'이라고 잘 듣고 싶어 하지 않는다. 굳이 직접적으로 듣지 않아도 요즘 인터넷 세상에 책으로, 문헌으로, 소셜미디어로 '좋은 말'을 들을 수 있고, 볼 수 있고, 깨달을 수 있어서일까. 이제는 사람들이 거침없이 '너나 잘해.'라고 쳐내도 무례함을 별로 느끼지 못하고 오히려 자신을 반성하게 된다.

    나이가 들면서는 치열하게 경쟁하며 살 일은 점점 적어진다. 그렇다고

게으름에 익숙해지면 성장이 없고 결국 만족스럽지 않으며 행복이 없다. 늘 좋아하고 하고 싶은 일을 찾아야 하는 이유다.

윤동주의 『서시』에 나오는 "하늘을 우러러 한 점 부끄럼이 없기를"은 잘 알려져 있다. 추상적이고 문학적으로 해석하지 않고 하루를 끝내면서 오늘의 나를 성찰할 때 기준으로 인용하고 있다. 나의 계발을 멈추는 따분한 삶은 참으로 부끄럽다.

나에게는 두 명의 닮고 싶은 사람이 있다. 그 중 한 명이 막내딸이다. 엄마가 딸에게 보여줄 교훈은 열심히 산 것 외에는 없는 듯하다. 거꾸로 딸에게 여러모로 배울 점이 많다. 재정 관리, 시간 관리와 체력 관리, 삶을 주도하는 태도다. 고등학교 때부터 해야 할 목록을 매일 작성하고 그에 따른 실행을 하고 지워나가는 일일 표를 만들었다. 중·단기 월과 년의 목표를 정하고 실천한다. 또한 정기적으로 자신이 잘하고 좋아하는 것들을 향해 더하고 가지치기를 해서 살고자 하는 삶의 스타일을 정한다.

고3 시험 성적이 좋았고 법을 좋아했지만, 상대 전 학년 장학생으로 들어갔다. 대학의 상법 시험을 본 교수가 딸의 재능이 아깝다며 법대 가기를 권유했다. 한국 엄마인 내가 좋아할 거라고 짐작을 했는지 다짐을 해주었다. 자기가 법을 좋아서 하지만 절대로 법조인은 될 생각이 없다는 것이다. 회사를 운영할 때 법을 알면 도움이 될 것 같아서 한다고 했다.

그렇게 장학생을 포기하면서(두 과를 하는 사람은 장학금을 허용하지 않았다) 더블 디그리(double degree)를 잘도 해냈다. 딸은 상하 체계의 회사 조직을 싫어하고 직접 운영하기를 원했다. 법조인이 해야 하는 일인 15~16시간씩 책상에 앉아 있을 자신도 없으며 적성에 안 맞다고 했다. 그래도 설마 했다. 그런데 3년의 법이 끝나고 헌법을 배워야 하는 단계가 되니 그만두고 상대에 열중했다. 졸업까지 2년을 더 해서 이력서에 남길 명예를 선택할지 아니면 2년 일찍 시작하는 자신의 인생에 투자할지를 고민했었다. 보통 사람들은 불확실한 미래에 보험처럼 법대(law degree) 학사를 끝낼 법도 한데 과감하고 소신 있는 딸은 보장된 미래를 외면했다. 확고한 신념과 인생철학에 존경스럽기까지 했다. 왜 부모가 딸의 재능이 아깝지 않겠는가. 하지만 딸이 원하는 인생을 세상의 잣대로 높낮이를 정해 혼란스럽게 하기보다 적극적인 응원을 해주는 게 맞다고 생각했다. 고1 때 빵집 알바를 시작으로 차곡차곡 돈을 모으고 은행의 이자율에 따라 좋은 곳으로 옮기는 경제 센스를 가져 다른 두 언니들의 은행 역할을 하기도 했다. 대학 1학년 때부터는 1인 기업으로 PT(personal trainer) 자격증을 따서 돈을 벌며 대학을 다녔고 졸업 후에도 wellness coach를 창업하여 운영 중이다. 돈과 명예만을 좇지 않으며 명상과 웰빙, 잘 사는 방법을 포드카스트(podcast)로 세상에 알리며 전진하는 딸의 매력과 용기에 박수를 쳐주고 싶다. 딸은 늘 나에게 앞으로의 할 일과 무엇이 하고프냐는 질문들을 하여 게으름을 일깨운다. 또한 시간의 낭비와 물질의 불필요함으로 미니멀리스트, 환경의 중요성에 대해 나에게 끊임없이 영향을 끼친다.

　나는 게으름을 없앨 수 있는 방법을 늘 찾아야 했다. 하지만 늘 성공으로 연결되지 못하는 이유가 두 가지 있다. 그중 하나는 추진력이다.

　"오랜만에 얘기하니까 참 좋다. 아직 할 말도 많은데…."

　"그러게, 그럼 내가 갈까?"

　호주의 동쪽 끝과 서쪽 끝에서 전화 통화를 하며 아쉬움을 토해냈다. 멜버른에 살면서 아이들이 어릴 때 만난 오래된 한국 친구가 있다. 친구의 남편은 직업상 자주 먼 곳으로 이사를 했다. 그러다 서호주의 도시 '퍼스(Perth)'에 정착했다. 가끔 전화를 하며 쌓였던 소식들을 한 번씩 쏟아내는 친구가 되었다. 요양원을 그만두고 오랜만에 느껴보는 한가로운 어느 날 전화를 하다가 채 풀지 못한 회포를 위해 문득 내가 가겠노라고 제안했다. 즉시 인터넷을 뒤져 다음 날 가는 비행기 표를 샀다. 친구도 꽤 기동력이 있는 사람이었는데 뜬금없는 나의 제안을 듣고 설마 했었단다. 난 즉흥 구매는 잘 하지 않지만, 즉흥적인 여행은 자주 하는 편이다. 이런 홍길동적인 여행은 나 자신에게도 서프라이즈 같은 최고의 설렘을 준다. 다음 날 비행기로 4시간, 시차도 4시간이 느린 서쪽으로 날아갔다. 공항으로 마중 나온 친구에게 나의 추진력이 한 수 위임을 증명했다. 정확하게 말하면 즉흥적으로 발동된 기동력은 성공에 크게 기여하지 않는다.

제대로 된 추진력이 필요한 프로젝트는 뜸을 많이 들인다. 중간에 포기하느니 무엇이 되든 오래 할 수 있는 것인지를 고민하느라 결정을 내리는 데 시간이 걸린다. 중간에 그만두면 남의 시선은 차치하고라도 나에 대한 좌절감과 자신감이 떨어질 것이 두려워서일 게다. 그렇게 신중을 기하고 시작했던 일들도 모두 만족할 만큼 성과를 거두는 것이 아니기 때문이다. 주저하고 시간만 낭비하고 결국 시작도 하지 않은 일이 많다. 뜸만 들이고 기회조차 갖지 못했으니 사실 나의 능력을 펼쳐볼 기회를 잃은 적이 많다.

다른 하나는 임계점을 넘기는 일이다. 어렵게 시작한 일은 그래도 꾸준하게 한다. 하지만 어느 정도를 하다 보면 순간 발전이 없고 성과가 없는 것을 느끼면 흥미를 잃고 지루해진다. 그리고 '여기까지가 내가 할 수 있는 한계다.'라고 규정한다. 이뿐만이 아니다. 내가 이런 허들을 뛰어넘지 못하니까 나의 임계점은 낮은 그대로 정해지고 더 좋아지지 않는다. 꾸준한 반복과 노력을 해서 한계를 뛰어넘어야 발전이 된다. 즉 임계점은 높아지고 성공의 지름길이 될 것이다.

예를 들어 많은 현대인들은 시간이 없어 독서를 못 한다고 말한다. 하지만 한 달에 한 권의 책을 읽었다면 그것이 그 사람의 영원한 임계점이 아니다. 임계점을 넘기기 위해 일주일에 한 권을 읽을 계획을 세웠다고 가정하자. 이 계획을 실현하기 위해 매일 읽을 수 있는 시간의 우선순위를 정하고 일정한 날, 일정한 시간을 할애해서 읽어야만 일주일에 한 권 읽기를 성공시킬 수 있다. 그러면 그의 임계점이 더 높아졌다고 볼 수 있다. 다시 일주일에 두 권의 책 읽기에 도전하기란 이제 그리 어렵지 않을 것이다. 벌써 그 사람은 매일 읽는 습관으로 책을 읽어내는 속도가 빨라질 것이고 임계점 또한 더욱 높아질 것이다.

개인적으로 초등학교 시절 주산을 배운 적이 있다. 2~3년을 배웠던 것 같다. 주산 2급에서 아마 반년이 넘도록 시험을 쳐서 1급에 오르지 못했고 결국은 나의 한계를 느껴 그만두었다. 고국을 떠나서 애국자가 되었다. 성인이 되면서 장구와 한국무용을 10년을 배웠다. 웬만한 사람이면 전문가가 되었을 훈련 기간이다. 장구의 리듬과 흥은 좋았지만 혼자서는 삐끗거리는 박자를 잡지 못하는 한계를 느껴 크게 실망했다. 외국인 남편이 한국 장구를 나보다 더 잘 친다면 이해가 되겠는가? 장구는 한국의 한과 얼을 몰라도 박자 감각이 있으면 얼마든지 칠 수 있다는 것을 남편이 증명해주었다. 난 영원한 제자로 남을 수 없다는 회의가 들 무렵 피치 못할 이유를 빌미로 그만두게 되었다. 또 한 번 나의 임계점을 넘기는 마지막 허들 앞에서 멈추고 만 것이다. 장구 소리의 무아지경에 올라야만 느끼는 황홀한 행복은 이제 없다.

종종 불리한 신체적 조건에도 초능력을 발휘하는 스포츠맨들을 보았다. 키 작은 사람이 멀리뛰기에서 도움닫기를 하고 공중에서 서너 발을 휘저어 타조처럼 사뿐히 내려앉은 선수를 보았다. 체격이 열악한 미국 여자 수영 올림피언이 있다. 그녀는 보통 수영 기법인 3번의 스트로크를 하는 대신 4번의 빠른 휘두르기를 하여 금메달을 땄다.

　우리는 무궁무진한 잠재력이 누구에게나 있다. 서슴없이 뛰어들어 자기 계발을 게을리하지 않고 더 나은 기술과 방법을 찾아 성장하지 않으면 나의 인생은 따분해지고 행복도 멈춘다.

인생을 바꾸는 습관을 찾아라

20년 전쯤 일본 작가 사이쇼 히로시의 『아침형 인간』 책을 읽고 묵직한 충격을 받았다. 2021년 벌써 20주년 특별판이 나올 정도로 150만 부가 팔린 스테디셀러(steady seller)가 되었다. 그곳에서 내게 확실히 가능한 도전을 제시해준 글은 "100일만 하면 인생이 바뀐다. 단 100일 동안만큼은 절대 포기하지 말고 자신의 의지로 끝까지 실행해주어야 한다"는 것이다. 작가 자신이 평범한 직장인이라 더욱더 설득력이 있어 나도 그냥 한 번 따라 해볼까 하고 쉽게 도전해볼 수 있었다. 상당히 설득된 나는 간헐적으로라도 실천했었고 처음으로 새벽 시간의 중요성을 깨달았던 경험이었다. 꾸준함의 습관으로 만든 새벽 기상으로 많은 사람들이 효과를 받는다는 성공 사례가 수없이 많다.

아이들이 초등학교에 다닐 때 엄마가 호주에 오셨다. 멀리 외딴곳에 딸만 바라보고 있는 것이 안타까워 엄마가 한국에서 보던 드라마를 비디오 가게에서 빌려드렸다. 이게 무슨 호랑이 담배 피우던 시절 소리냐고 하겠지만 1995년 즈음 인터넷으로 한국 드라마를 볼 수 있기 전의 얘기다. CD 이전 비디오 시대로 TV 프로그램을 비디오로 녹음해서 빌려주는 가게들이 있었고 한국에서 방영되는 프로그램을 일주일 정도만 기다리면 볼 수 있었다. 이때까지는 한 번 시작해서 재미를 보면 헤어 나오지 못하고 허우적거릴 위험이 있다는 것을 알고 아예 멀리했었다. 하지만 어찌 눈앞에 보이는 것들을 안 볼 수가 있는가. 엄마와 같이 사극을 시작으로 드라마를 보며 빠져들어 점심도 라면으로 대충 먹었었다. 그날도 엄마와 마치 한국에 있는 것 같은 착각을 할 만큼 편안하게 보고 있었다.

"엄마! 왜 집에 있는데 우릴 안 데리러 왔어?" 큰딸은 현관문을 두드리며 큰 소리로 부르고 있었고 가여운 둘째 딸은 나를 보자마자 울었다.

엄마와 외할머니가 한국 비디오에 빠져 시간 가는 줄 모르고 보다가 하교 시간에 맞추어 아이들을 데리러 가지 못했다. 초등학교 프렙(prep: 1학년의 전 과정)과 2학년의 딸은 기다리다가 운동장이 텅 비기 시작했고 동생과 자기만 남겨져서 둘이 손을 잡고 용기를 내어 걸어왔다고 했다. 끔찍하기도 했고 엄청난 사고였다. 호주에는 절대로 초등학교 아이들이 보호자나 위임자 이외 다른 사람이나 아이들 혼자 하교하지 못하게 하는 규칙이 있다. 그런데 운동장 담당 선생님도 모르게 학교 정문을 나선 것이다. 아이들이 오는 길에 사고가 났다면 부모들은 선생에게 책임을 물을 수 있고 학교를 상대로 소송도 걸 수 있는 문제다. 그러니 이 경악할 사건은 다행히 무사고여서 해프닝으로 끝이 났다. 지금도 아이들은 가끔 엄마의 실수를 얘기하면서 한바탕 웃곤 하는 추억이 되었지만 난 지금 생각해도 등골이 오싹해지고 민망한 사고다. 참고로 엄마가 한국으로 돌아가고 그 비디오 가게의 모든 비디오를 보고 나중엔 개그, 토크 프로그램까지 반년 여에 걸쳐 싹 다 끝을 내는 기록을 세웠다. 다행인 것은 이런 중독성을 알기에 나쁜 마약이나 주식 등에 손을 대지 않고 심지어 복권조차 사지 않는다. 그래서 나 같은 사람들은 반드시 어느 곳에 꽂혀 있는 일을 찾아야 한다. 좋은 일에 잘 습관을 들이면 성공적인 인생으로 전환될 수 있을 것이다.

얼마 전 온라인 강의를 들었다. 줌으로 보이는 강사는 설득력이 있다기보다 말도 조곤조곤하니 사람들을 편안하게 하는 것이 컨셉인 듯했다. 나 같은 어리버리한 사람들의 질문에도 전혀 귀찮아하지 않고 잘 설명해 주고 이끌어주었다. 강사 자신의 체험담을 들려주었는데 큰 동기 부여가 되었다.

거의 2년 전에 시작한 인스타그램과 블로그가 만 명의 구독자가 되고 나니 여러 곳에서 강의 의뢰와 섭외 요청이 늘고 있다고 했다. 인지도가 커졌다. 그의 인스타를 보고 깜짝 놀랐다. 복잡한 영상도 아닌 명상의 글만 딱 한 컷, 매일 올린다. 블로그도 그렇다. 내가 알고 있던 블로그는 1,000~1,500자의 글을 써야 한다고 알았지만 어떤 날은 100자도 없는 일기 형식으로 짧게 요약하는 정도였다. 소속된 매체의 타켓층을 노린 듯했다. 물론 내용도 정보성 글이었겠지만 더 중요한 것은 꾸준한 노출이었다. 빈도수가 내용이나 형식보다 중요했다. 일주일에 한 번, 한 달에 한 번 보는 장거리 같은 연애보다 매일 잠깐 보는 애인들의 정과 사랑이 더 끈끈한 것처럼 말이다.

비슷한 예로 우연히 '호주 노예'라는 유튜브를 보게 되었다. 처음에는 같은 호주 땅에 살면서 한국말로 영상을 찍는 것이 관심을 끌었다. 채널 이름으로 우선 어떤 '노예'일지가 궁금했다. 결코 그의 행동은 내 스타일이 아니었다. 생김새야 어쨌든 태도가 정중하지 못했고 매너와는 거리가 먼 조금은 무례한 말 품새였다. 그의 전략은 매일 커피 바리스타로 일하는 자신을 '노예'라는 상징성으로 어필했다. '주 7일' 일을 한다는 것도 노예와 걸맞은 컨셉이라 사람들의 호감을 샀다. 게다가 영상을 매일 올렸다. 하다못해 주제를 찾지 못하면 도마에 칼을 꽂아 놓은 썸네일로 무언가를 해야 하기 때문이라고 숙제하듯이 '매일 영상 올리기'에 책임을 다했다. 이 매일의 습관으로 고객이 무럭무럭 늘어나는 것이 보였다. 얼마 되지 않아 그는 10만 구독자를 얻는 일명 '유명 유튜버'가 되었다. 제일 나의 눈살을 찌푸리게 한 것은 그가 여자를 다루는 것이 어떤 때는 무시하는 듯 혹은 이용하는 듯, 눈살을 찌푸리게도 했다. 그러면서도 본다. 모든 구독자를 만족시킬 수는 없다. 아니 그는 구독자가 만족하라고 영상을 만들지 않았다. 그저 자기가 하고 싶은 대로 했다. 그것이 곧 남과 다른 개성이었다. 우아한 음악도 없고 자막도 시작할 때 딱 하나, 편집으로 잘 다듬어진 영상이 아닌 원석 그대로의 느낌이었다. 핸드폰 하나로 매일 찍어 올리는 습관이 인생을 바꾸어준 것이다.

이제는 거의 모든 이가 개인 방송을 하고, 시작부터가 영상이나 편집의 실력이 수준급이 되었다. Web 2.0의 시대에 흔히 볼 수 있었던 영상들을 이제는 거의 볼 수 없다. 수많은 구독자를 가지고 흔히 말하는 유명인이 되고 돈을 많이 버는 '성공'을 할 수 있었던 이유는 간단했다. 예의를 차리고 남의 눈치가 보여서 조심하는 현대인들에게 솔직함과 꾸밈이 없는 영상으로 대리만족을 주었다. 영상을 보면 스트레스가 풀리는 것이다. 그것도 매일 출퇴근길을 즐겁게 해준다면 사람들은 영상을 기다릴 것이다.

심리학적으로 접근을 한 김주난 저자의 『66일 습관 혁명』도 습관을 강조한다. 66일 만으로도 우리 몸의 변형을 얘기한다. 어떤 이는 독서, 운동, 관계, 의식, 쓰기의 5가지 습관으로 1년에 500권의 책을 읽는 혁명을 했다고 말한다. 그의 책에 "시작이 반이다. 시작하면 50%는 성공한 것이다. 66일간 하면 90%는 성공한 것이다. 하지만 아무리 사소한 목표도 66

일 동안 꾸준히 한 사람은 많지 않다"고 했다.

『나는 4시간만 일한다』의 저자 티모시 페리스(Thimothy Ferriss)도 게으른 사람들을 이렇게 말했다. "사람들은 대개 불확실성보다는 불행을 선택한다. 자신이 용감하다고 생각하든 않든 대부분의 사람은 하지 않는다." 이 얼마나 찔리는 얘기인지 꼭 내 맘을 들킨 것만 같다.

유튜브 진행이 나의 대표적인 실례다. 비교적 유튜브가 블루오션인 시대 2018년 11월에 시작했으니 늦게도 아니었다. 비슷한 시기에 유명 강사 김미경 씨도 유튜브를 시작했다. 시작도 그 당시 일상이 따분했고 만성 우울감으로 근근이 일상을 꾸려가는 상태여서 일거리로 시작했다. 재미는 있었지만 어느 정도 지나니 열정이 식어서 4년이 지나도 지지부진하다. 반면 김미경 씨는 세상을 바꾸어놓았다. 물론 그녀의 인지도가 이미 엄청난 성공의 서문을 열어주었고 심각한 사업가적인 마인드에 직원도, 시스템도 모든 것이 갖춰진 것이니 날로 성장했을 것이다. 늘 그녀는 머리에 안테나를 꽂고 시대의 흐름을 잘 포착하고 열정을 다해 연구한다. 공부하고 배우는 콘텐츠를 새벽 기상이라는 컨셉으로 성공을 만든 기적은 좋은 습관들의 결과다.

간섭이 싫었고 혼자서도 할 수 있다고 자만했다. 게다가 혼자 있으니 아무리 게을러도 이 세상 누구도 모를 것이고 나에게 관대하게 용서하면 되니까 죄책감이 덜해졌다. 발전이 멈추었는데도 모르는 체했다. 누군가 같은 관심 있는 사람들과 함께하는 것이 혼자 하는 것보다 훨씬 효과가 있다는 것을 공동체에 속하면서 알았다. 습관 들이기에 입문한 지 얼마 되지 않았지만, 나의 성장은 엄청났다. 나의 의지가 내 몸을 움직인다. 사실 내 몸은 정직함에 반응하는 순종형이었다는 것을 깨달았다.

새벽을 깨우며 습관을 길러라. 나의 부족과 필요가 눈에 들어오고 할 것이 많아진다.

매력적인 습관을 만들어 나의 인생을 개척하라!

05   운명을 바꾸는 시각화를 하라

저자 할 엘로드(Hal Elrod)가 쓴 『미라클 모닝(The Miracle Morning)』
은 성공적으로 아침형 인간을 만들어주는 훌륭한 책이다. 3장 01에서 말
한 확언(affirmation)을 포함해 미라클 모닝의 6단계를 SAVERS라는 앞
글자로 실천 방법을 얘기한다. 명상, 긍정/확언, 시각화, 운동, 약간의 독
서 그리고 일기/글쓰기 6가지를 하루를 시작하기 전에 습관을 들이라고
말한다. 그중에 확언(affirmation)에 이어 시각화(visualization)를 해야
한다고 했다.

처음 시작은 작은 시각화를 한다. 가령 일찍 일어나 내가 실제로 하고
싶은 즐거운 무언가를 시작하는 나로부터 상상하는 것이다. 점차 완벽하

게 돌아가는 하루, 일을 즐기는 모습, 목표에 도달했을 때의 모습과 느낌을 시각화해본다. 나중에는 목표와 계획을 크게 세우게 되고 내가 그리는 행복지도의 주인공이 되는 상상을 해보라.

작가 한비야의 책 『바람의 딸, 걸어서 지구 세 바퀴 반』, 『한비야의 중국 견문록』, 『바람의 딸, 우리 땅에 서다』까지 차례로 읽었다. 이 책들을 읽었을 때 나는 이미 유럽 배낭여행을 마쳤었다. 이색적인 여행, 남이 못하는 여행, 나는 했다는 으쓱함으로 만족했었다. 여자 둘이서 커다란 모험으로 이룬 경험이 주는 자신감과 올라간 자존감은 결혼 생활 내내 버팀목이 되었다. 형편상 가족 유럽여행을 가지 못했어도, 남들이 흔하게 여행을 다녀도 난 전혀 부러움이 없었다. 하지만 한비야의 여행기들을 보고는 끝없는 그녀의 도전이 부러웠다. 특히나 오지 여행가라는 것은 신선한 충격이었다. 한국 한 바퀴를 도는 것도 박수받을 일을 온 세상 한 바퀴도 아니고 세 바퀴 반을, 그것도 걸어서…? 자신이 정해놓은 여행의 컨셉, '걸어서'를 지키기 위해 걸어서 통과하지 못하는 전쟁 중의 나라들도 기어코 길을 뚫으려는 어마어마한 저력과 정신력은 과히 책을 쓸 만했다. 요즘의 유튜브며 소셜미디어를 통해 구독자를 끌기 위한 전략도 아니고 자신에게 너무 솔직하고 원하는 것들을 이루는 한비야답게 사는 것이 매우 매력적이었다.

그 후 외국을 나가 재야에 묻혀 살면서 그녀를 잊고 살았다. 몇 년 전차 정비소에서 차를 맡기고 기다리다가 손님들을 위해 마련된 책 몇 권이 잡지들과 함께 꽂혀 있는 것을 보았다. 그 먼지 더미 속에 『지도 밖으로 행군하라』 한비야 작가의 책을 발견하고 빌려보았다. 역시 나를 실망시키지 않았으며 월드비전 긴급구호 팀장으로 오지보다도 못한 사람들을 위해 체험한 일을 쓴 책이다. 나의 가슴을 뛰게 했던 그녀답게 멋지게 사는 모습이 나를 다시 정신 차리게 했다. 세계여행을 계획하는 데 박차를 가하게 하고 작가의 기를 받는 느낌이었다. 그녀가 20년 전에 했던 그 길들을 리틀 한비야가 되어 세상 밖으로 나가는 모습을 상상해 본다.

그녀의 책들은 '청소년 추천 도서'로 교육적으로 국가에서 인정한 가치 있는 책이 되었다. 한편 어떤 이들은 윤리의식이나 바람직한 여행 모델을 제공하지 않는다고 비판적인 글도 썼다. 세계적으로 여행객이 절대 하지 말아야 할 위험천만한 일들을 멋진 모험으로 포장을 했다는 것이다. 하지만 부모님들을 따라갈 나이가 아닌 성인으로 여행을 가는 나이라면 거의 모든 여행의 책임은 자신의 몫이라고 생각한다. 그 누구의 정보라 할지라도 여행자 자신이 점검을 해야 하고 안전을 지키며 법과 규칙대로 따라야 한다. 더욱 중요한 일은 현지 상황이나 위험 요소가 있을 거라 인지된다면 자기 내면의 소리에 따르는 것이 중요하다. 불안함을 느끼면 하지 말아야 한다. 미연에 방지하는 차원으로 어떤 것을 하지 못하는 것도, 좀 더 위험을 무릅쓰고 도전하는 것도 여행자의 선택이다. 누가 옳고 그르다고 할 수 없다. 그러니 어떤 책의 저자 탓을 하는 것은 모순이 될 수 있다. 한비야 작가가 나의 롤 모델이고 멘토이지만 모든 했던 일, 갔던 그곳들을 뒤쫓지는 않을 것이다. 분명 걷는 것은 그녀의 여행 스타일이고 오지 여행가로, 여행의 컨셉이라고 생각한다. 한비야답게 해서 좋은 것이고 나는 나다운 여행 스타일과 철학을 가져야 한다. 한비야 작가의 용감한 도전 의식과 소신껏 지키는 여행의 가치를 배우고 싶은 것이다.

　나의 여행 스타일은 걸어서가 아닌 '천천히 하는 여행', '오지여행', '캠핑카 여행'이다. 다음에 갈 남미 여행이 많은 고민을 하게 한다. 내가 원하는 여행의 가치보다 더 중요한 안전을 지키기 위해 부득이 '캠핑카 여행'에서 '배낭여행'으로 바꾸기로 했다. 오지 여행을 좋아하고 현지인들과의 교감을 중요하게 생각한다. 그렇다고 생각 없이 덤빌 수 없다. 어쩌면 막판에 위험한 도전을 위해 캠핑카로 바꿀 수도 있지만 여러 경우의 수를 생각해야 한다. 여자 홀로 하는 여행이기에 더욱 조심해야 하고 언어장벽과 여행 거리, 문화로 인한 충격을 감안해야 한다. 이럴 때 경험자들이 쓴 책이나 소셜미디어를 통해 듣고 정보를 얻는 것은 지혜로운 일이다. 그래도 현지에 가면 알던 것과 다른 것들이 있고, 다른 사람들에는 좋은 곳이나 아름다운 것이 나에게는 아닐 수도 있다. 그러니 책 탓을 하고 정보들을 비판하면 좀 가혹하다고 생각한다. 마치 스포츠 선수들이 입수한 정보대로 알고 있다가 예상 밖의 성적이나 실력을 맞닥뜨릴 때 "어! 얘기한 거랑 다르잖아?"라고 할 수 없는 것과 같다. 이런 변수들을 만나고, 부딪치고, 깨지는 일들을 해결하는 것들이 여행의 묘미이다.

세계적 작가 무라카미 하루키는 『나는 여행기를 이렇게 쓴다』에서 여행하려는 궁극적인 추구 없이 여행하면 아무리 아름답고 좋은 곳, 설사 오지, 땅끝까지 간다고 해도 원하는 것을 얻을 수 없을 거라고 했다

세계여행을 하면서 꼭 하고 싶은 일은 '글을 쓰며 여행하기'이다. 글을 모아 엮어 나라별, 대륙별로 쓰고 싶다. 글을 쓰려는 목적이 선명해지니 역사와 문화에 관심이 커지고 공부를 해야만 한다. 여행 작가의 꿈을 이루기 위한 준비로 글쓰기도 연습을 하고 있다. 글을 쓰고 좀 더 효율적인 소통을 위해 소셜미디어를 이용하는 디지털 노마드 생활을 준비한다.

하루키는 여행하는 행위의 본질은 여행자의 의식을 바뀌게 하는 것이고 여행을 묘사하는 작업 역시 그런 것을 반영해야 한다고 했다. 여행기는 일상에서 떨어져 있으면서 동시에 어느 정도 일상에 인접해 있는가를 복합적으로 밝혀나가야 신선한 감동을 줄 수 있다고 했다. 즉 그때그때 현실에 나를 몰입시키는 일이 중요하다. 한비야가 직접 현지인들과 거리낌 없이 다가서서 생활하며 나온 이야기이기에 독자들은 현장감 있게 감정 이입할 수 있었다. 내 안의 소리에 귀를 기울이고 진지하게 다가서고 함께 나누는 관계를 맺고 싶다. 이 지구 어디서라도 평안하고 재미난 여행을 하며 글 쓰는 모습을 시각화한다.

지극히 평범한 나는 '행복은 학교 성적순이 아니다.'라고 자주 자위했

다. 그리고 많은 성공한 사람들 중에도 똑똑하지 못하거나 열악한 상황에서 이루어낸 성공담에서도 증명하고 있다. 엄청난 부로 경제적 자유를 이룬 한국인으로, 프랑스에서 성공한 『파리에서 도시락을 판 여자』의 저자 Kelly Choi는 난독증까지 있었던 사람이라고 누가 믿겠는가? 『역행자』를 쓴 자청은 잘나지 못한 것에 대한 콤플렉스를 가진 사람이었다고 한다. 그들은 보이는 학교 성적이나 가방끈으로 좌절하지 않았다. 자신이 할 수 있는 피나는 노력으로 '자신의 성공하는 미래'를 늘 그리며, 시각화하며 확신했다고 했다.

사람은 누구나 잘나고 싶고 성공하고 싶어 한다. 한 번 보면 카메라로 찍듯이 암기가 되는 별종들의 세상, 소위 '의사, 판사' 같은 사람들을 성공했다고 한다. 어떤 사다리나 낙하산을 타든 부자나 유명한 사람을 더욱 '성공'했다고 한다. 하지만 내가 정의하는 성공은 세상의 절대적 잣대가 아니다. 어려움을 딛고 숨겨져 있는 잠재 세포들을 깨워 습관을 들이고 원하는 것을 이루는 사람이 위대하고 멋지다. 삶의 의미를 찾는 것이 곧 운명을 개척하는 것이다.

새벽 기상으로 성공 가도를 달리고 있는 나는 이미 성공한 사람이다!

꿈을 위해 해야 할 3가지를 하라

성공의 꿈을 이루는 첫걸음은 자신의 메타인지를 아는 것이다. 나의 신체적 조건은 키가 작고 운동신경도 뛰어나지 않다. 보통의 지적 능력을 갖췄지만, 다행히 지구력이 있으니 얼마나 다행인가! 그러니 내 역량의 정도대로 조금씩 꾸준히 노력하면 된다. 바로 이 노력을 오늘 다하였다면 작은 성공을 이룬 것이다. 후회가 없다는 것은 최선을 다한 만족을 뜻한다.

사방이 경쟁으로 치열하고 구부러진 운동장이 불공평해보이기도 하다. 그렇다고 불평하고 비판만 하며 그 어떤 개선의 의지도 없다면 나 자신도 어지간히 엉망이다. 나의 노력으로 판판하게 펼칠 수 있는, 살아볼

만한 세상을 만드는 데 일조할 수도 있고 누릴 수 있다. 문제는 이 꿈을 이루는 데 꼭 필요한 계획과 열정이 필요하다. 지속적인 행동이 따르지 않는 목표는 사과나무 밑에서 맛있는 사과를 먹는 꿈만 꾸며 입만 벌리고 있는 것과 다를 바가 없다.

첫째, 나의 계획을 실천할 환경 설정과 틀(framework)을 만들어 실천한다.

친구를 통해 온라인 MKYU 대학에 신청했다. 지난 2년 동안 캠핑카로 호주 대장정을 하고 있던 나에게 몇 번이나 권유했지만 한참 띵까띵까 노느라 귓등으로도 듣지 않았다. 내게는 혼자 해도 할 수 있다는 자만심이 다분하다. 지난 세월 나름 아침형 인간으로 살고 있다고 생각했기 때문이다. 하지만 혼자서 오래가기에는 한계가 있다. 아무런 피드백이 없으니 스스로 모니터링하는 것은 한계가 있고 지키지 않아도 무한히 합리화를 한다. 아주 천천히 매일의 계획 없는 일상으로 스며들고 있다는 생각조차 들지 않는다. 실제로 꿈이었던 '호주여행 한 바퀴'를 실현하고 있었지만 몇 달이 지나면 여행도 일상이 된다. 처음처럼 가슴이 더 이상 설레지 않는다. 여행 초기에는 나오는 협곡마다 찾아가지만, 협곡 10개만 가봐라. 이 협곡이 저 협곡 같고 감흥은 덜해지게 마련이다. 나에게 다시 새로운 꿈, 삶의 의미를 갖게 해 줄 동기 부여가 필요했다.

그러던 차에 친구가 몇 번이고 온라인 커뮤니티를 들으라고 설득했다.

나의 유튜브의 부진한 성장과 나의 역량을 펼치지 못하는 것이 안타까웠나 보다. 하지만 지긋한 나이에 공부로 마음고생하고 싶지 않았다. 이제는 스트레스 없이 안주하고 싶다는 데 온라인이라도 대학은 내 생애에 다시 있을 수 없는 일이었다. 하지만 아침 기상이 점점 늦어지니 날은 점점 짧아지고 날이 촘촘하다고 밥 세 끼 거르면 왠지 손해 보는 느낌이니 꾸역꾸역 먹다 보면 그새 잘 시간이었다. 그리고 나면 자기 전 일기 쓰듯 '후회'를 매일하고 '내일부터'를 반복했었다.

온라인 '새벽 5시 기상'의 프레임을 이용하여 나를 다시 일으켜 세운다. 첫 달은 알람을 끄고 다시 자기도 했고 침대 안에서 내려오기도 힘이 들었다. 하지만 지금은 저절로 눈이 뜨이는 신체 적응을 보았다. 정해놓은 5시 기상을 인증해야 하는 틀에 넣었다. 이미 잠이 깬 상태니 '논어 필사'는 쉽다. 30분간의 운동을 하며 음악 대신 명상을 같이한다. 긍정 확언으로 마무리한다. 시간을 짧게 계획표를 짜놓으니 지나치고 싶은 마음이 덜해진다.

공부만이 아니다. 물 마시는 것을 그다지 좋아하지 않는 것도 프레임에 끼어놓는다. 일어나자마자 미온수 한 잔, 필사하고 한 잔, 운동하고 또 한 잔을 마시면 700~800ml는 마실 수 있다. 500ml는 물병에 담아 하루 온종일 밖에 나가 있는 동안 마시는 것으로 하루 필요한 양의 물은 대부분 섭취하게 된다. 그러니 늘어난 하루의 시간이 많아지고 대부분의 루틴은 아침 전에 끝이 난다. 현재 매일 도서관에 간다. 도서관에서 하루

종일 각 잡고 이 책을 쓰는 데에만 열중한다. 잠자기 전에 읽기 쉬운 책이나 반복해서 읽는 책을 읽는다. 여러 가지를 틀에 넣어도 때론 못 지키는 것도 있고 쓸데없는 일로 시간을 낭비할 수도 있다. 하지만 이미 몸에 밴 습관이 있으면 시간의 가치를 잘 인식하므로 어렵지 않게 다시 틀 안으로 들어오기가 쉬워진다.

둘째로 나의 안전지대(comfort zone)에 안주하지 않는다.

어떤 행동이나 문제도 자꾸 하다 보면 쉬워진다. 나의 커리어의 변천사를 보면 대체로 7년 마다 의도적인 변화를 시도했다. 한국에서의 간호사 생활은 늘 바빴던 인상이다. 신입 1년과 2년은 확연히 다르다. 2년차가 되면 일정한 루틴으로 습관이 되었고 환자와 스태프들과도 농담하며 일을 할 여유가 생긴다. 그렇다고 결코 일이 줄었다거나 쉬워진 것은 없다. 쉽게 느껴진 것뿐이다. 모든 것은 결국 반복 학습 효과를 얻는다. 물론 늘 깨어서 연구하고 성장하는 것은 어느 분야에서나 필요한 것이지만 의사나 변호사 교수들도 마찬가지다. 학생, 고객, 환자라는 대상이 다른 것이지 치러야 하는 절차나 시스템도 프로토콜(protocol: 매뉴얼)에 맞추면서 일을 하다 보면 어려운 것도 아니다. 그래서 권태기가 생기는 것이다.

멜버른에서 병원에 다닌 지 5년쯤 되었을 때 나는 내가 진단컨대 근무태만이었다. 매우 복잡할 것 같은 심장흉부 병동이지만 역시 루틴의 반복이다. 새 약이 나오면 '고혈압 약', '심박동수 조절약', '혈액 묽게 하는 약 정도로 알면 끝이다. 물론 부작용을 모른다고 해서 당장 표가 나는 일은 드물다. 하지만 환자들의 이상 증상을 알아차리지 못하고 간과하게 된다. 일이 커지기 전에 좀 더 일찍 발견하여 보고할 수 있는 현명한 간호사가 될 수 있다. 그렇지 않다 한들 직접적인 책임도 아닐 뿐더러 나의 잘못이라고 그 누구도 말하지 않는다. 내면의 소리, 양심의 부끄러운 찌꺼기만 있을 뿐이다.

'이쯤 되면 움직일 때다.'라고 내가 정해 놓은 마지노선이다. 그때가 대략 5~7년이다. 호주에는 많은 타성에 젖어 일하시는 할머니 간호사가 많다. 한국처럼 자리에 연연하지 않고 공석이 나면 공고가 나고 지원하여 인터뷰하고 되는 것이 '자리'다. 그래서 일반 정식 간호사로 해마다 급여가 올라 8년의 호봉이 끝인 8년 차 간호사로 은퇴할 때까지 스트레스 없이 일한다. 일하는 나이팅게일의 사명은 없어지고 돈을 벌기 위해 어쩔 수 없이 일하는 '돈의 노예'가 되는 위험한 지경에 이르게 된다. 그래서도 해마다 간호사들의 의무 교육 시간을 강제로 만들었는지도 모른다.

심장 흉부 내과에서 5년 후 난 파트타임 캐주얼(part-time casual), 뱅크(bank) 간호사로 바꾸었다. 병원의 직원으로 다른 고용 회사(agency) 간호사를 쓰는 대신 한 병원에서만 몇 명의 캐주얼을 둔다. 그러면 어느 병동이든 병가나 휴가로든 간호사가 부족한 병동에 투입한다. 그러니 생소한 다른 분야의 병동에 가면 완전 새집의 느낌으로 긴장감을 가지고 일하게 된다. 약간의 긴장감은 일을 또렷하게 하고 자신에게는 성장의 기회가 된다. 또한 평생 살면서 쓸모없는 경험은 없다. 언제 어디서 유용하게 적용할지는 아무도 모른다.

이때 했던 다양한 경험은 나중에 요양원 사업을 하면서 환자들을 이해하고 간호 계획을 세우는 데 많은 도움이 되었다. 7년의 병원 간호사와 요양원 사업 7년을 했지만 역시 나의 권태기는 5년이 지나면서 시작되었다. 반복은 지루함을 낳는다. 그러니 계속 나의 습관의 강도를 높일 필요가 있다. 그렇지 않으면 타성에 빠지게 되어 재미가 없어지고 포기하게 된다.

"다시 움직일 때다!" 다른 이유도 있었지만, 시기적으로도 움직일 때를 알고 미련 없이 요양원을 정리했다. 다른 양로원 '수간호사'로 일했다. 새로 시작한 일 역시 어려웠고 남의 돈 벌기는 더 힘들었다. 내 생애 커리어로서 최고의 성장은 불안전지대에 있었을 때였다.

셋째로 배움을 위해 시간과 돈을 투자하자.

나를 틀에 넣어 하루를 효과적으로 쓰면 시간 낭비를 막을 수 있다. 나는 천성적으로 낭비하는 것을 싫어한다. 아마도 가난했던 성장 환경이 오늘의 나를 만들었다고 믿는다. 공중목욕탕에 가면 돌아다니며 철철 흘려보내는 물을 잠그러 다니느라 가기 싫다. 아직도 구순이 다 되는 엄마에게 물을 아껴 쓰라고 잔소리한다. 그래서인지 1년 동안 캠핑카 생활에서 귀한 물을 아껴 쓰는 것에는 아무 문제가 없었다. 110리터의 물로 2~3번의 고양이 샤워를 포함해 열흘은 살 수 있다. 돈도 같은 급이다.

그렇다고 내가 수전노라고 생각하고 싶지는 않다. 다행스럽게도 전 남편도 나와 비슷한 경제관념을 가진 사람이라서 낭비하는 돈은 별로 없었다. 문제는 나를 위해 투자할 줄 몰랐다.

많은 자기 계발 책을 보면 '나를 위해 쓰는 돈은 미래를 위한 투자'라고 한다. 최근 몇 번의 깨달음과 배움을 얻는 경험으로 뼈 때리는 공감을 했다. 무료 강의나 얄팍한 요약들은 영화의 프리뷰(preview)라고 생각하면 책이나 전문 강사의 유료 강의는 영화를 통째로 보는 정도의 차이라고 생각한다.

나의 원대한 꿈을 향해 가지고 있는 모든 역량을 발휘해야 한다. 꿈은 하루아침에 이루어지지 않는다. 낭비 없는 삶을 위한 장치로 매일을 축적해야 꿈이 이루어진다.

Happiness MAP

4장

행복을 위해
고통과 실패를
감당할 수 있는가?

01   **실패 없는 삶은 죽은 삶이다**

사람은 욕망과 욕심을 가진 동물이다. 새로운 것, 원하는 것, 되고 싶은 것에 끊임없이 도전한다. 문제는 도전하는 것마다 모두 이루어지지는 않는다. 노력만 한다고 되지 않는 일도 있음을 증명하듯, 운도 따라야 성공할 수 있다. 실패율이 덜한 사람은 성공할 때까지 하기 때문이다. 하지만 여행 가기 전까지의 준비 과정이 더 설레고 재미있는 것처럼 도전하는 그 자체가, 실패하고 주저앉고 다시 일어나는 장면들이 감동적인 영화 같은 것이다. 내가 '철인 삼종 경기'에 도전하기 전에는 실패할 것을 생각하지 않았다. 완주를 할 수 있었던 것은 포기하지 않는 것이 목표였기 때문이었다. 비록 몇천 명 중에 뒤로 몇십 등 안의 기록을 남겼어도 그것은 중요하지 않다. 아니 분명 나는 발전했다. 몇 년 후 두 딸과 재도전한 같은 경기에서 월등히 나은 기록으로 마쳤으니까. 심지어 몇 년 동안의 해외 살이를 하다 돌아와 아무 준비 없이 도전한 둘째 딸을 이기는 쾌재도 불렀었다. 자전거를 배우지 못했던 때의 가장 큰 이유가 실패할 것을 두려워했기 때문이다. 그러니 도전하지 않았고 아무 일도 일어나지 않았으며 자전거 타는 것을 오랫동안 꿈으로만 가지고 있었을 뿐이다. 도전 없는 삶은 아무것도 아닌 삶이었다.

　나는 할아버지에 대해 아는 것도, 기억도 많지 않다. 나의 처음 기억은 서울에서 살면서 할아버지 할머니 집에 지금은 없어진 장항선 비둘기호, 완행열차를 타고 거의 종착역쯤 되는 서천에 정말 종일 갔었다. 바깥 풍경의 푸르른 들판이 벼인지도 모르고 너무 예뻐서 좋아하며 처음 타보는 기차가 너무 신기했었다. 늙으신 할아버지는 매일 아침 소를 몰고 논밭을 갔다 오시고 밤에는 물을 떠놓으시고 감사 기도를 드리셨다. 어린 나는 할아버지의 범접할 수 없는 근엄함과 생경한 광경으로 인해 감히 어리광을 부리지도 못했다. 할아버지의 젊은 시절 얘기를 들으면서 속으로 내가 할아버지의 장손녀임을 자랑스러워했다. 할아버지 시절은 전쟁 후였으니 다들 가난했다. 그는 얼마나 열심히 공부하고 주판을 두드렸는지 팔꿈치에서 땀이 떨어질 정도였다고 들었다. 손으로 가리키는 곳마다 할아버지의 논이었고 밭이고 집 뒤에 있는 선산까지 할아버지께서 한 수고의 열매라고 하였다. 엄마는 부잣집 맏며느리로 시집간다고 동네 사람들이 부러워했더랬다. 젊은 열정을 쏟아부어 힘겹게 자수성가한 할아버지는 자식들에게는 고생시키지 않겠다고 다짐하셨다.

당연히 할아버지는 아들에게 삽자루 한 번, 곡괭이 한 번 들게 하지 않으셨다. 나중에 셋째 아들이 학교를 마치고 성인이 되어 농사를 이어받기 전까지는 자식들을 고생시키지 않으시고 손수 일꾼을 두시고 농사를 지으셨다.

나의 아버지는 고등학교 이후 장항에서 가까운 전라북도 군산으로 일찌감치 유학하러 가셨다. 이어 대학도 지질학과를 마치셨다. 서천 농부의 아들은 손에 흙 하나 묻히지 않으시고 고고하게 지질 광물 연구소에 취직하였다. 1950년대 후반에는 아마 대학교만 나오면 100% 취직은 되던 시절이었다. 대학도 제대로 시험을 치던 시절이었는지 의구심이 들 정도니까. 승승장구하시던 아버지는 나를 선두로 애들 셋을 낳고 당당히 연구소의 대전 이전으로 이사를 하셨다. 회사가 서울 구로공단으로 옮기면서 다시 서울로 이사를 했고 우리는 거의 서울에서 유년 시절을 보냈다.

한 번 들어간 회사는 뼈를 묻을 때까지 절대 충성한다는 시절이었으니 평생 안전한 직장을 다니셨던 순수한 공무원이셨다. 잘릴 걱정 없이 매달 월급을 따박따박 가져다주셨어도 늘 엄마는 여섯 자식을 키우느라 돈이 부족해 쩔쩔매셨다. 간혹 다방 여자에게 목돈을 만들어서 주셨다가 들키고, 맹목적으로 투자하신 주식이 오르내리는지 매일 신문을 보시다 화를 버럭 내시는 영혼이 어린이다운 아버지셨다. 우릴 데리고 소풍 한 번, 영화관 한 번 가신 적 없는 밋밋한 결혼 생활을 하시다 고생하는 엄마의 굽은 다리 붙잡고 사랑 고백은 돌아가실 때까지도 못 하셨다.

유복하게 크시고 고생이 무엇인지 모르던 아버지가 두 번의 실패를 하셨다. 아이들이 많다고 세를 주지 않아 힘겹게 마련한 돈으로 서울 대방동에 반지하가 있는 이층집을 사셨다. 나의 10대와 20대 중반까지의 대부분의 추억이 든 멋진 집이 알고 보니 저당이 잡힌 집이라고 하루아침에 넘어갔다. 사람들의 말을 너무 잘 듣는 순진한 아버지는 세상 물정을 너무 모르셨다. 퇴직 후 받으신 퇴직금은 친구의 기가 막힌 약품 제조업 프로젝트에 올인(all-in)을 하셨다. 날아오는 어음 수표로 아버지는 혼을 찾아 헤맬 때 용감한 엄마의 주도하에 아파트를 팔아 빚잔치를 하셨다.

삶의 목표와 꿈이 없는 삶은 평생을 지켜봤지만 할아버지보다 발전한 것이 없었다. 사랑하면 고생을 안 시킨다는 요즘 사람도 그렇지만 나의 아버지 역시 온실에서만 키우려고 했다. 사람은 실패하고 삶을 다시 정비하는 지표를 가지는 자세를 가져야 성장한다. 어쩌면 아버지 성품 자체가 경쟁하는 것을 싫어하셨고 '지금이 좋사오니'의 자세로는 적어도 살맛 나는 인생은 아니었다. 생각 없는 안일한 삶은 그야말로 볼품없었다.

아버지와 달리 남편은 완벽주의자였고 생활력이 강한 부지런한 남자였다. 게다가 예술을 할 섬세함은 없어도 손재주가 있었다. 결혼하고 나서 알았다. 형님과 함께 집을 짓고 있다고 했다. 정확히 말하면 남편은 이미 프로젝트를 결혼 전에 시작해서 땅을 파기 바로 직전이었다.

형님도 남편과 같은 공과 대학을 나오고 3형제가 모두 전자, 전기, 통신 엔지니어였다. 형님이 우상인 남편은 형님이 하는 것을 모두 따라 하고 있었다. 주중에는 직장 엔지니어로 일하고 주말에는 집을 짓는 빌더(builder)였다. 집을 지어 팔겠다는 상업적인 목적이니 건축가의 자격증이 필요해서 건축 자격증까지 땄다. 모든 것을 다 손을 대는 것은 아니었지만 돈을 아낄 수 있는 것에는 주저 없이 일했다. 형님과 함께 보통 땅 구역의 두 배가 긴 곳에 연립 4채를 짓는, 처음 치고 크게 벌였다. 반년 꼬박 일하고 집이 완성되었고 마켓에 내놓았다. 운이 생각만큼 따라주지 않았다. 충분히 사전 점검을 하고 만약의 경우 플랜B, 플랜C를 생각했다지만 첫 경험자들에게 흔한 순진한(naive) 오산이었다. 90년 대 초의 경제 대공황이 닥쳐 은행 금리가 20%가 되던 때였다. 그들이 은행과 거래를 약속할 때 벌써 15~16%였는데도 감당할 수 있을 거라 믿고 감행한 경제 무지렁이 초짜였다. 게다가 첫 구매자가 있었지만, 자기들 고생한 것만 생각하고 좀 더 높은 거래를 하고 싶어 수락하지 않았던 욕심이 더 큰 화를 불렀다. 그 후 하룻밤만 자고 나면 금리가 솟아오르고 남편의 혈압도 같이 올랐다. 시장 경제를 아는 사람은 절대 대출을 끼고 돈을 빌릴 시기가 아니라고 생각한다. 어찌어찌 연립 4채를 팔았다. 그리고 형님과 사이좋게 10만 불의 빚을 나누어 가졌다.

결혼 생활 10년쯤 하고 난 후의 일이었더라면 남편을 쫓아내든지 내가 나갔겠지만, 신혼의 꿈과 행복에 젖어 살 때였으니 '그까짓 거' 문제가 되지 않았다. 전쟁할 때 있을 수 있는 '한 번의 실수는 병가지상사'로 남편을 다독였다. 매우 미안해했지만 호탕하게 내던진 나의 말에 힘을 얻었다고 했다. "젊어서 고생은 사서 한다!"며 10만 불짜리 수업료를 냈다. 그는 날 매우 감동스럽게 우러러보았다. 한국의 격언으로 고상하게 한 위로의 말은 그를 더 힘내서 일하게 했다.

이 위대한 실패는 정말로 머지않은 훗날에 10만 불짜리 보다 더 큰 자산이 되어 돌아왔다. 다행히 본업을 때려치우지 않았던 것은 신의 한 수가 되었다. 직장에서 매년 내는 세금을 돌려받을 수 있는 실손으로 청구가 가능하여, 3년에 걸쳐 세금 정산으로 정리가 되었다. 남편은 실패했다고 두려워하지 않았다. 사는 땅을 갈라 반으로 나누어 뒷마당에 집을 짓고, 형님 집은 그다음, 또 다른 형님도 순서 대기조였다. 실패하고 얻은 경험이 밑거름이 되어 더욱 신중해졌고 자신감과 실력은 더욱 늘었다. 이때의 나는 남편바라기로 더 바쁜 주말과 해가 긴 여름을 싫어했을 정도였다. 하지만 실패했다고 자신감도 잃고 겁쟁이가 되어 주저앉은 멋없는 남편이었다면 더욱 힘들었을 것이고 집도 없이 일해서 빚만 갚고 있었을 것이다.

실패를 두려워하는 사람은 도전하지 않는다. 수많은 부를 이룬 성공한 사업가들도 반복되는 실패와 도전 끝에 이룬 사람들이 많다. 현대 전기 문명을 연 토머스 에디슨은 수천 번의 실패 끝에 필라멘트(filament)를 발명했다.

실패를 두려워하는 삶은 죽은 삶이다!

02 죽고자 결심했다면 다시 한번 살아보라

사람은 동물과 달리 자신의 의지로 극단적인 선택을 할 수 있다. 대체로 원하는 것이 이루어지지 않을 때나 극복하지 못하는 상황에서 극도의 스트레스를 받을 때다. 혹은 자신의 이미지에 침해를 받을 우려나 이미 받아서 자신을 비관하는 경우들이 있겠다. 사람이 자신의 목숨을 저버리는 것은 엄청난 용기가 필요하다. 그래서 사람들은 '죽을 용기를 가지고 있으면 그 힘으로 다시 살아라.'라는 말을 한다. 나에게도 몇 번 죽어버리고 싶을 만큼 힘들었던 경우들이 있었지만 죽을 용기가 없어 살았다.

"여보, 아기가 안 움직여, 이상해!" 새해가 시작되고 처음 출근한 지 3

시간 만에 남편에게 다급한 전화를 했다. 큰딸이 세 살이 채 안 되었을 때 둘째를 임신했다. 큰아이가 아침 낮잠을 자는 사이 몸이 찌뿌둥하여 따뜻한 욕조에 누웠다. 평소에 배 속의 태아는 내가 움직일 때는 움직이지 않고 보통 쉬는 동안에 움직임이 있었다. 8개월째의 임신이라 배가 엄청나게 컸다. 큰딸아이 임신 때도 체중이 20kg이 넘어 거의 굴러가다시피 했다. 분명히 전날까지만 해도 활발하게 놀던 아기가 움직임이 없는 것은 예사로운 일이 아니다. 전화를 받고 달려온 남편은 배 위에 귀를 대고 숨소리를 들으려 했지만 아무 소리도 들을 수 없었다. 형님 댁에 큰딸을 맡기고 정기 검진받는 병원에 갔다. 응급실의 의사는 기계로도 아기의 심장박동을 잡지 못했다.

"죄송합니다만 아기는 죽었습니다." 아~ 이게 무슨 하늘이 무너지는 소리인가? 아니 한 번의 진찰로 어찌 그리 쉽게 죽었다고 판정을 한단 말인가. 도저히 믿지 못했고 나는 숨이 멎는 줄 알았다.

"제발 다른 기계로 다시 한 번 들어봐요. 기계 결함일지도 모르잖아요!" 의사는 아무 말도 없었지만 다른 기계를 가져오지도 않았다. 너무도 확신하는 진단이라는 행동이다. "정상 분만을 해서 아기를 출산해야 합니다." 직업적인 의사의 말과 태도에 비정함 마저 느꼈다. 정신을 못 차린 나와 남편은 당장 대답을 못 하고 어쩔 줄을 몰라 했다.

"하지만 당장 분만을 하지 않으셔도 됩니다. 집에 가서 원하시는 만큼 계시다가 오셔도 돼요. 일주일 정도는 감염될 확률이 높지 않아요."

그제야 의사의 인간적인 제스처에 조금은 평정을 찾으며 우리는 현실적인 고민을 했다. 그저 이 자릴 피하고 싶고 없었던 일로 하고 싶지만, 현실은 냉정했다. 집에 가는 것은 무리였다. 더구나 정신적으로 죽은 아이를 며칠 씩 품고 있는 것도 자신이 없을 뿐더러 아기에게도 못 할 노릇이었다. 정상 분만을 위해 유도제를 맞으며 죽은 아이를 기다리는 심정은 아마 성경에 아브라함이 하나님께 순종하기 위해 아들 이삭을 제물로 바칠 때와 같았을 것이다. 제발 나의 이름을 부르며 하나님께 순종을 시험했던 것이라고 말해줬으면 좋겠다.

자궁이 수축이 되고 아기가 살아서 힘차게 밀고 나오는 듯했다. 하지만 아무리 기다려도 아기는 울지 않았다. 딸이었다.

"아기 주세요, 볼래요!" 분만대에 오르기 전 간호사가 아기를 볼 것인지를 물었었고 어~ 어~ 하다가 못 볼 것 같다고 우물우물했었다. 하지만 8개월을 품었던 아기는 분명 내 아이였으며 내게 주지 않았다면 난 아마 그들을 잡아먹었을 것이다. 어느 생명체에게나 있는 동물의 모성애를 거스르는 일은 어미에게 엄청난 대가를 치른다. 심지어 아기를 해칠 극도의 불안을 느끼면 자기 새끼를 죽이기까지 하는 것은 동물의 본성이다. 새하얀 아기는 아직 따스했고 날씬하니 입술도 핑크빛으로 너무 예뻤다. 아기를 부둥켜안고 눈을 부라리고 고개를 쳐들고 주변을 둘러보았다. 다행히 침대 옆에 있는 트롤리에 신문지는 없었다.

간호 학창 시절에 분만실 실습이 있었다. 그곳에서 사산한 아기를 보았었다. 아기는 태어나자마자 간호사에게 넘겨지고 바로 옆 탁자 위에 준비된 신문지에 순식간에 돌돌 말렸다. 아마도 죽은 아기를 엄마에게 보여줄 생각도 하지 않았으며 묻지도 않았던 것으로 기억된다. 오히려 나쁜 일을 한 것처럼 쉬쉬거리고 은밀하게 모든 것을 처리하였다. 곧바로 냉동고에 보관되어 어떻게 사후 처리가 되는지는 솔직히 알고 싶지 않다.

한참을 아기는 내 배와 가슴 맨살 위에 엄마의 체온을 느끼며 잠을 자는 듯했다. 나와 남편을 두고 모든 의료진은 자리를 비켜주었고 우리는 마음 놓고 소리 없이 울었다. 간호사가 아기를 씻기고는 봉사단체 (volunteer)에서 준비한 하얀 드레스를 입혀서 다시 데려왔다. 아기 손과 발 지문을 찍고 우리와 사진도 찍어주었다. 아기 이름과 탄생의 기록이 담긴 출생증명서도 주었다. 큰아이 때는 정상 분만을 하고 다인용에 있었는데 이때는 일인용을 주었다. 다음 날부터는 복지기관에서 상담사가 오고 SIDS(Sudden Infants Death Syndrom: 아기 급작 죽음 협회)에서 같은 경험을 한 사람이 와서 얘기를 나눴다. 그 누구의 잘못도 아니지만, 아기의 죽음으로 죄인의 느낌마저 들었다. 누구도 만나고 싶지 않았는데 같은 경험자들의 만남과 상담은 많은 위로가 되고 죄책감도 덜해졌다.

남편은 가장 간단한 장례 절차를 준비했다. 장례사는 병원에서 직접 아기를 데려다가 화장하고 선택한 사기그릇에 담아 주었다. 집에서 멀지 않은 해변에 아기의 재와 꽃을 뿌려주었다. 남편에게 한 번도 말한 적은 없었지만, 뿌린 한 줌의 가루와 꽃이 파도에 밀려와 모래사장 위에 걸려 있었다. 아기는 가기 싫다고 돌아와 나에게 다시 안기는 듯했다. 억장이 무너졌다. 그까짓 배 한 척 빌려서 바다 멀리 나가 뿌려주었으면 좋았으련만…. 남편이 야속했다. 하지만 아기 잃은 슬픔으로 남편도 힘들 터인데 갈등을 키우고 싶지 않았다. 잘 잊히지 않은 슬픔과 꼭 나의 잘못으로 잃은 것만 같아 딱 죽고 싶었다. 숨 한 번 쉬어보지 못한 어린것이 너무나 불쌍했다. 하지만 살짝 눈치를 챈 큰아이의 조심스러움과 남편의 슬픔은 날 더 이상 절망에 남겨두지 않았다. 나는 엄마이기에 이들을 살려야 한다는 모진 마음으로 나의 슬픔은 삼켜야 했다. 통계에 따르면 아기를 잃고 충분한 애도를 한 엄마는 그렇지 못한 사람보다 우울증에 걸릴 확률이 덜하며 회복도 빠르다고 했지만 나는 잘 이겨낼 줄만 알았다.

결혼 10년을 앞만 보고 달렸다. 둘째 아이 사산 후 이어 딸, 또 딸을 낳아 딸 셋 엄마가 되었다. 둘째를 낳으면서부터는 운전을 배우고 다시 간호사로 일하기 위해 준비했다. 보통의 호주 부모들은 맞벌이를 한다. 혼자만의 수입으로 집을 사고 휴가를 다니는 부부를 호주에서도 보기 쉽지 않다. 간호사 자격증을 인정하지 않아 힘겹게 몇 년에 걸쳐 다시 취득하고 병원에서 일을 시작했다. 다행히 간호사는 3부제로 밤번 간호사는 누구든 원하면 고정으로 일을 할 수 있다. 돈을 더 벌기 위해서나 아기들이 있는 간호사가 많이 한다. 남편이 밤에 잠자는 아기들을 볼 수 있으니 일주일에 2~3일 일을 했다. 일을 하고 집에 와서는 곧바로 아이들 도시락을 만들고 학교까지 데려다주고 와야 잠을 잔다. 그리고 한숨을 자고 3 시에 다시 아이들을 데려온다. 하교 후에 시작되는 취미활동을 위해 여기저기 데려다주다가 10분의 여유가 생기면 막간을 이용해 작은 장을 본다. 정신없이 살던 몇 년 동안에 차 사고를 반년에 한 번씩 냈다. 작은 접촉 사고부터 크게는 전차를 두 번이나 박기도 했다. 전차를 박은 것은 순전히 나의 잘못된 판단으로 일어났다. 복잡한 4차선에서 오랫동안 서 있던 전차는 내 차에 주유를 끝내고 돌아왔을 때까지 있었기에 분명 움직이지 않는 것으로 착각했다. 뒤에 차들이 전차 뒤에 기다리고 있었지만, 주유소에서 나온 나의 차는 전차 옆에서 기다리다 신호가 떨어지자마자 동시에 움직였다. 전차는 직진을, 나는 우회전으로 전차 앞을 가로질러 가려 했다. 떠나자마자 부딪쳤는데도 전차의 육중한 차체에 나의 차는 휴지 조각이 되었다. 나의 운전석은 아작이 났는데도 다행히 나는 멀쩡했다. 아니 몸은 다치지 않았지만, 나의 정신은 아직 지옥에 있었다. 꼼짝하지 않고 앉은 나에게 사람들이 몰려들었고, 다른 쪽으로 나를 끌어내리고 그곳으로 누군가 들어가 차를 한 쪽으로 빼내주었다. 지옥 속에서 헤매면서도 남편에게 어떻게 얘기를 해야 할지가 더 두려웠다. 연속해서 사고를 내서 미안도 했고 돈 들어갈 생각에 앞이 깜깜했다.

몸이 두 개라도 모자랄 지경 속에 벌어지는 엄청난 일상은 그 어떤 철인도 감당할 수 없었다. 왜 이런 일련의 사건들이 일어나는지 사고의 원인 분석을 하지 못했다. 오직 내 탓이고 부주의한 나의 잘못으로만 책망

하는 자기혐오에 빠졌었다. 남편 앞에 늘 불량한 학생 같았다. 큰 사고 앞에서 남편은 살아 있는 나를 보고 안도의 숨을 쉬었지만, 그리 살뜰한 반응은 아니었다. 잘하는 일은 없는 것 같고, 사고는 연달아 일어나고 돈 들어가는 만큼 나의 가슴은 타들어가고 있었다. 엎친 데 덮친 격으로 나의 신체에서도 척추협착증이 나타났다. 그렇게 나의 삶의 질은 나의 선택으로 점점 피폐해지고 있었다. 나를 위한다면 수술해야 맞지만, 수술이 잘못되어 죽거나 경추 이하 반신불수로 지내어 엄마의 빈자리를 아이들에게, 남편에게 느끼게 할 수 없는 노릇이었다. 게다가 남편의 잦은 삐짐으로 냉전을 하고 화를 내면 온 식구가 영향을 받아 침울했다.

처음엔 양육권을 위해 모든 방법을 생각하다가 나는 자신이 없어지면서 목이 조여오는 숨 막힘의 나날이 계속되니 우울증도 심해졌다. 양육권도 다 필요 없고 중요한 게 아무것도 없는 듯했다. 딱 하나 간단한 것은 죽는 것일지도 모른다고 생각까지 했다. 그래도 이런 늪에서 나를 살린 것은 아이들이었다. 나쁜 생각을 하는 보잘것없는 엄마인데도 아이들은 이 세상에서 엄마가 최고라고 여기는 것을 보면 정신을 차려야 했다.

죽을 용기를 가다듬어 변호사를 찾아갔고 애들은 위해 다시 한번 살아보기로 했다.

03 　　　　　　　　가치 있는 고통은 웃으며 견뎌내라

　사람들은 고통에 맞서서 웃음이 나오지 않는다. 분노를 느껴 화가 나기가 쉬운 힘든 고통이 더 많다. 신체적, 심리적 고통 중에 여기서는 참을 만한 고통을 얘기하고 싶다. 즉 의미 있는 고통은 사람을 인내하게 하고 기다리게 한다.

　가령 평소에 하지 않다가 걷기를 하고 아령을 하는 등 운동을 열심히 하고 나서 다음 날에 느끼는 근육통은 기분 좋은 고통이다. 이런 고통은 기대하고 있는 좋은 결과가 있다는 것을 아는 것만으로도 견딜 만하다. 질병으로 인한 고통은 대부분 견딜 수 없는 나쁜 고통이 더 많다. 하지만 예방주사나 영양제 수액 등을 맞는 고통은 기분 좋은 고통이다. 혹은 장기 기증을 하는 사람들은 정말 숭고한 고통이겠다. 성형도 여기에 속하겠다.

"난 코가 너무 커, 잘라냈으면 좋겠어!"

"뭐라고! 농담하지 마."

"진짜야, 난 조그만 여보 코가 좋아."

"말도 안 돼. 한국 사람은 코를 다 높이는 수술을 하거든? 약 올리지 마!"

한두 번 농담 삼아 자신의 신체적 콤플렉스로 대화한 적이 있었다. 그러던 어느 날 이야기는 길어지고 남편이 큰 코가 콤플렉스라고까지 이야기했다. 다행히 내가 가진 신체 중 몇 개 안 되는 자신 있는 부분이 코였으니 큰 코의 고통을 이해하지 못했다. 나의 제일 큰 콤플렉스인 키는 돈으로도 못 고치는 것이지만 돈으로 고칠 수 있는 콤플렉스라면 못 할 이유가 없었다. 남편에게 용기를 주었다. 적은 돈을 투자해서 마음의 병을 고쳐 자존감이 높아진다면 의미 있는 일이니, 하라고 동의해주었다. 다행히 콧대의 구부러짐으로 자주 코막힘이 있어 성형이 불가피하다는 병적 진단을 받아 온전한 미모를 위한 성형 값보다 쌌다. 반(half) 사이즈를 원했지만, 의사는 균형이 맞지 않는다고 들어주지 않아 불만이었다. 성형 이후 코에 관한 얘기는 한 번도 없었다. 미래의 행복을 위한 기분 좋은 고통을 이기려는 그는 한 번도 깎아본 적이 없는 콧수염도 깎았다.

이런 기분 좋은 고통을 인내할 만한 의미 있는 일은 빨리하는 것이 좋다. 이루어질 것을 상상하며 설레는 꿈을 꾸는 행복이 또 어디 있겠는가. 자존감도, 자신감도 높일 수 있다.

남편은 그리스 정통 부즈끼 음악이나 스페인의 열정적인 음악을 정말 좋아했다. 그러니 그의 차는 시동을 걸면 자동으로 띠리리리 띵 띵 하며 부즈끼의 날카로우며 경쾌한 노래가 나온다. 일할 때도 당연히 음악이 있다. 게다가 춤을 기가 막히게 잘 추고 좋아한다. 그의 진중하고 완벽주의 성격을 완화시킬 수 있는 중화제다. 파티를 하고 술이라도 진하게 마시면 식탁 위에 올라가 추기까지 한다. 피 끓는 청춘일 때 한번은 차를 타고 가다가 스페인의 정열적인 음악이 나와서 차를 세우고 위에 올라가 춤을 추는 객기를 부렸다고 했다. 그런데 결혼하고 책임감으로 짓눌려 주중, 주말까지 일하느라고 그런 여유가 없는 것이 안쓰러웠다. 어느날 프리 볼룸댄스(free ballroom dance: 한국에서는 스포츠댄스로 알려져 있다) 참석 제안을 전화로 듣고는 유혹이 되었다. 깜짝선물(surprise)로 등록했고 어렵게 시간을 내어 강의에 참석했다. 그런데 그 한 번의 기회는 그를 흥분시키기에 충분했고 강의가 끝이 나고 당연히 그들의 프리 강의 홍보에 걸려들고 말았다. 비싼 수강료에도 그는 아까워하지 않고 등록했다. 그 후 우리는 3년 동안이나 그 바쁜 짬을 내어 댄스 강의를 다녔다. 나도 한때 춤을 추었으니 감이 없진 않았지만, 즉흥적인 기분에 더 취한다. 늘 바쁜 남편을 춤까지 추는 둘만의 시간으로도 우리 부부에게 의미 있는 시간 투자였다. 남편도 행복해했고 그런 남편을 보는 나도 행복했다. 하지만 절대음감이 있는 남편은 박자를 놓치는 적이 없고 갈수록 더 잘하고 싶어 했다. 박자를 놓쳐 남편 발을 밟거나 못 따라가면 실망감을 표현했다. 어느 정도 실력이 쌓이면서 선생님은 우리의 작은 디테일(detail)에도 신경을 쓰기 시작했다. 무릎을 더 굽혀라, 힙을 더 돌리라는 등은 나의 신체나이가 감당하기에는 무리였다. 관절이 아파지기 시작하면서 그만둘 명분이 자연스레 생겼다. 이쯤 되자 춤은 은근하게 밀려오는 스트레스가 되고 더 이상 나를 설레게 하지도, 추고 싶은 기분도 나지 않게 했다. 대회를 나갈 것도 아니고 재미있자고, 행복해지자는 가치가 사라지니 계속할 의미가 없어진 거다. 3년 동안의 댄서 부부 생활을 마쳤다.

나는 예술적 감각이 정말 없어 창작하여 만드는 것은 못 한다. 그나마 중년이 되어 시작한 스포츠에 재미를 느낀 것만으로도 너무 감사한 일이다. 반면 남편은 재주가 너무 많다. 단체로 공을 가지고 하는 스포츠보다 혼자 하는 마샬 아트(martial art)나 짐(gym), 피트니스(fitness)로 몸을 단련시키는 것을 너무 좋아한다. 게다가 가장 부러운 것은 손재주가 있어 집을 짓고 고치는 것을 잘한다. 연애 시절 처음으로 남편 집에 방문해서 그의 차를 보고는 기절하는 줄 알았다. 70년대의 오래된 도요타 승용차 껍데기만 뎅그러니 공중에 떠받들려 있었다. 보닛 안의 지저분한 전깃줄이 먼지와 기름으로 엉켜 있었고 차 안의 내부는 의자도 없는 그야 말로 폐차 직전이었다. 몇 주 후에 다시 왔을 때 그 차로 나를 공항으로 데리러 나왔다. 벨트도 탄력 없는 양 어깨에 메야 했고 뒷좌석도 어느새 달려 있었다. 싹 다 뜯어서 털고, 갈고 닦고 고쳐서 다시 조립했다고 했 다. 그 차로 첫아이가 태어날 때까지 타고 다녔다. 큰딸이 태어나지 않 았다면 절대로 새 차를 사지 않았을 거다. 지난 장에서 말했듯이 남편은 집 짓는 일을 했다. 은행 대출비의 본드비(deposit)가 가능해져서 헌 집 을 샀다. 지역이 좋은 곳에 '불도우저(bulldozer)용'이라고 광고된 집을 사 서 스스로 지어야 돈이 덜 들기 때문이다. 통째로 부수고 새로 짓기는 쉬 운데도 불구하고 집 본래의 옛 모습을 보전하기 위해 집의 앞부분을 남 겨두었다. 예술 작품을 하듯이 공을 들여가며 재건하고 이어서 이층집 을 기초부터 지었다. 대충 첫 럭압(lock up) 단계가 되어 이사를 할 수 있 었다. 집의 벽과 천장, 유리창 정도(집의 외부)가 되면 구청에서 심사 통 과가 되고 이사할 수 있다. 물론 화장실, 물과 전기 가스도 된 상태다. 둘 째 아이가 초등학교 시작을 해야 해서 시기적으로 간신히 마칠 수 있었 다. 이사할 때 빨래방에 수도 한 개가 있었고 부엌의 가스레인지며 수도 를 연결하면서 살았다. 불편은 했지만, 이 모든 것이 돈을 절약할 수 있 는 최고의 방법이고 이런 능력을 갖춘 남편이 무척 대견스럽고 자랑스러 웠다. 우선순위대로 집 안의 것들을 완성하였다. 아이들이 어려서 큰 거 실에 침대 3개를 놓고 지내고 이층을 마무리하면서 애들을 이층에 올린다는 계획이었다. 당연히 사소한 마루, 타일, 문, 마루, 창고… 등은 꿈도 꾸지 못했다. 그러니 집 밖의 아름다운 정원은커녕 담도 없었으니 밖은 내 땅이 아니라고 생각해야 마음 정리가 되었다. 해가 가고 아이들이 커 가면서 초등학교 고학년이 되었다.

"저… 이 콘크리트에 마루를 까는 데 얼마나 들까요?"

"뭐… 몇 천은 들겠지만, 우리가 할 테니까 재료비만 들겠죠?"

"우리 남편 좀 설득해주세요!"

아이들 생일 파티에 시댁 식구와 가까운 지인들이 왔다가 가고 두 형 님네 식구만 남아 있었다. 이사 온 지도 3년이 넘었는데 식구들이 가장 많이 사용하고 있는 공간, 1층의 거실, 식당, 부엌이 아직 콘크리트 바닥 그대로였다. 가끔 남편에게 부탁했지만, 완전 불통이었다. 막내딸은 버 릇이 되어 자꾸 맨발로 걸어 다녔고 추운 겨울에는 찬기가 스며들어 난 방이 있어도 효과가 없었다. 청소해도 표시가 나지 않았다. 집이 아닌 창 고에 방을 만들어 사는 느낌이었다. 5×8m 공간을 마루 회사에 맡기면 7 천 불(2000년에 한국 돈 550만 원 정도)이 들었지만 재료값만으로는 3천 불(250만 원 정도)이면 되었다. 적은 돈은 아니었지만 식구들이 좀 더 편 안하게 지내기 위한 내가 생각하는 최고의 우선순위였다. 여러 번 심각 하게 얘기를 했지만 아직 때가 이르다고만 하였다. 내가 할 수 있는 모든 애교와 아양, 삐짐과 설득을 다 하고 마루만 해주면 더 이상 아무것도 바 라지 않는다고 후한 배려도 했다. 나를 사랑한다면, 오직 그 마음으로 해주면 안 되느냐고 마지막 카드도 통하지 않았다. 그 지경이 되니 '날 그리 사랑하지는 않나.' 하는 의구심마저 들었었다. 답답한 마음에 시아주버님들과 형님들에게 도움을 구했던 것이다. 몇 시간을 토론하였지만 허사였다. 남편의 마음이 철강으로 벽을 친 이유는 은행에서 더 이상 대출받고 싶지 않다는 것이었다. 남편이 그렇게도 몸이 부서져라 일하여 돈을 절약하는데 내가 너무 호사스러운 소원을 키웠나 싶어 슬그머니 미안해졌다. 고통을 웃음으로 견디며 기다릴 수 있을 것 같았다.

그 후로 얼마 안 되어 열심히 사는 남편을 숨이라도 쉬라고 볼룸댄스장으로 성공적으로 데리고 갔고 첫날 그가 댄스 값으로 치른 돈이 3천 불이었다. 물론 그는 나에게 동의를 구했고 남편의 기뻐하는 모습 때문에 흔쾌히 엉겁결에 허락했었다. 집에 돌아와 서서히 정신이 들고 거금의 돈이 한 번의 사인(signature)으로 날아간 게 도둑맞은 느낌이 들었다. 하필 돈의 액수 3천 불은 자꾸만 마루값과 겹치면서 나의 소원을 그렇게 무시당한 것이 황당했고 서럽기 시작하더니 화가 꾸물꾸물 치밀었다. 가치 있던 기분 좋은 고통은 이제 참을 수 없는 고통이 되었고 커다란 실망으로 다가왔다. 미안해진 남편은 사과 대신 마루를 깔았지만 고맙지 않은 당연한 의무를 한 것처럼 여겨졌다. 그 후에 이 사건이 평생 듣게 되는 위대한 스토리로 등극할 정도로 그의 이미지는 많이 망가졌다.

내 집 짓기의 프로젝트는 그 후로도 계속되어 22년 째 완성된 적이 없다. 남에게 들일 돈은 많이 절약이 되었지만 늘어만 가는 새로운 장비들은 두 차가 들어가는 큰 차고에 한 번도 차를 들여놓은 적이 없이 넘쳤다. 집 완성도 안 되었는데 웨다보드(wetherboard/clapboard : 비막이 판자) 외벽은 칠이 벗겨져 다시 칠해야 할 만큼 세월이 지나고 있다. 그렇게 남편은 그의 모든 영혼을 끌어모아 집 짓기에 쓰며 고통을 밀어내고 웃음으로 견디었지만 부인의 영혼이 탈탈 털리어 바닥으로 떨어지고 있다는 것을 모르는 듯했다.

04 실패 다음은 행복이 올 차례다

나이 마흔이 갓 넘어 척추 협착 진단을 받은 후 육체적인 노동인 간호사 일은 할 수 없었다. 세상 참 재미없었다. 그 잦았던 차 사고도 나지 않았고 일하지 않으니 피곤함도 덜하고 시간도 여유 있었다. 하지만 정신은 바짝 마른 논두렁이었다. 첫째로 경제적으로 여유가 없어졌으며 경력으로는 다시 간호사로 복귀할 수 없으니 반 장애인이었다. 1년을 넘기면서 더해가는 우울감은 나아짐이 없이 살다가는 꼭 죽을 것 같아 찾게 된 것이 종교였고 요양원이었다.

요양원을 시작하고 싶지만, 막내가 걸렸다. 아직 초등학교 4학년이니 등하교를 해줘야 했다. 주변에 같은 학교에 다니는 친구도 없어 카풀(car pool)로 대신 등하교를 도와줄 누구도 없었다. 차로 10~15분 걸리는 거리는 절대 어린아이가 걸어 다닐 거리가 아니었고 혼자 다니게 하면 아마 아동학대로 부모가 끌려갈 일이다. 그렇다고 앞으로 아이들이 초등학교 끝날 때까지 2년을 더 기다리다가는 미치거나 죽을 판이었다. 고민 끝에 첫째, 둘째가 다니는 고등학교(중, 고등학교 포함) 근처의 초등학교로 전학시켰다. 등하굣길을 언니들과 함께 대중교통으로 보내려는 속셈이었다. 마지못해 전학을 간 막내딸은 너무 힘들어했다. 새로운 학교로 옮기기에 이미 나이가 들었고 새 학교에는 나름 친한 친구 그룹이 있어 딸을 끼워주지를 않았다. 더구나 공 차고 나무를 타며 남자 아이들과 놀던 딸은 그곳 남자 아이들 주변을 배회하며 우울해했고 스트레스를 받았다. 결국은 약속했다. 딱 1년만, 아니 반년만 지내보고 그래도 싫으면 다시 돌아가기로. 속으로 그때까지 제발 좋은 친구를 만나길 학수고대했고 다행히 지금도 평생 친구가 된 고마운 친구를 만났다. 요양원을 계획대로 할 수 있게 도와준 막내딸의 희생은 평생 갚을 빚이다.

그리고 시작한 요양원에 나의 모든 시간과 노력을 쏟아붓는 내 인생최대 몰입의 기간이었다. 이혼 대신 선택했고 죽음 대신 선택한 만큼 마지막 딱 한 번 나에게 주는 기회였다. 15년 동안 남편 떠받들고 살았으니살림과 육아는 이제 남편 차례라는 마음뿐 미안한 생각은 들지 않았다. 그에게도 마지막 찬스였다.

"난 여기까지, 이제는 너 차례!(I'm done! It's now your turn!)"이라고 외쳤다. 기대한 것 이상으로 요양원은 손댈 곳이 많았고 배울 것도 많았다. 당연했다. 평간호사로만 일을 했을 뿐 관리직이나 하다못해 구멍가게도 해보지 못한 무경험자였다. 게다가 어설픈 영어로 남의 나라 땅에서 다른 인종들을 대상으로 법을 알고 규칙을 따르기란 쉽지 않았다. 아마도 나의 벼랑 끝 상황이 아니었더라면 혹은 조금이라도 요양원 생태계를 알았더라면 쉽게 덤비지 않았을지도 모른다. 원래 무엇이든, 누구든 모르면 용감하다. 그리고 닥치면 해야 한다. 쇼는 계속되어야 한다!(The show must go on!)

남편은 비록 나와 사이는 좋지 않았지만, 갑자기 변신한 비장한 부인을 마주해야 했다. 더 나아질 관계를 기대하고 사업을 허락했으니 능력 있는 남자는 다방면으로 도왔다. 첫째 하루아침에 떠안긴 살림을 도맡았다. 그때까지 그가 유일하게 부엌에서 할 수 있었던 일은 손수 커피를 끓이고 간단한 샌드위치 정도 만들 수 있었다. 심지어 전기밥통을 작동할 줄도 몰랐다. 첫 이혼 위기에 이런 걱정도 했다. 이혼하면 그는 굶어 죽을 거라고 생각하고 아직 때가 이르다고 생각했었다. 하지만 이제 사람은 누구나 닥치면 무엇이든지 할 수 있다는 신념으로 밀어붙였다. 남편은 첫 반년은 아이들의 등하교를 맞추느라 퇴근도 오후 3시에 하고 이어서 취미활동도 부지런히 데리고 다녔다. 절대로 맥도널드로 끼니를 때우지도 않았으며 1년이 지나니 불고기 양념도 직접 할 줄 아는 살림남으로 변했다. 주말 중 토요일은 요양원에 와서 건물 보수할 곳들을 책임져주었고 그 복잡한 경리를 떠맡아주었다. 참으로 다행스럽고 고마운 일이었다. 그의 진정성은 냉전 시대의 거대한 빙하를 녹여 서서히 작은 덩어리로 쪼개졌고 바다와 한 몸을 이루기도 했다.

집중적으로 마음 치료가 되는 곳들을 찾아다니던 때였다. 자연스럽게 친구의 인도로 교회에 다니게 되었다. 요양원을 시작했고 늦게 일을 마치고 돌아가는 길에 교회에 매일 들렀다. 문 잠긴 교회 건물 뒤쪽 아무도 보지 않는 후문 고리를 잡고 기도를 하고 집에 갔다. 암흑 같은 현실에 모든 것이 간절했으니 교회 문고리는 내 생명의 동아줄이었다. 그러다 어느 일요일 늦은 오후 그날따라 조금 일찍 일을 마치고 교회를 들렀는데 교인 누군가의 결혼식이 있었고 피로연이 끝나던 때였다. 문을 잡고 기도하는 나를 목사님이 발견하시고는 누구인지 매우 궁금하셨다 했다. 기독교인 엄마의 조언대로 기도하고 난 후 감사헌금을 봉투에 넣어 이름도 없이 문틈 사이에 밀어 넣었더랬다. 그날 이후 목사님은 교회 열쇠를 주셨고 그때부터 나의 새벽기도가 시작되었다. 지금까지도 남편은 요양원 운영 7년 동안 깜깜한 교회에 들어가 홀로 기도하고 성경 공부한 것을 꿈에도 모른다. 첫 1년 반 동안은 일요일도 없이 요양원 출근을 했으니 교회에 따로 갈 수 없었다. 하지만 복잡하고 쌓이는 스트레스로 예배가 너무 절실해졌다. 일요일 아침 할머님들 차 마시는 시간이 끝나자마자 부랴부랴 차를 몰고 20분 거리를 가서 10시 반 예배드리고 목사님 축도하시는 사이 빠져나갔다. 다시 미친 듯이 차를 몰고 요양원에 도착하면 딱 12시 점심시간에 맞출 수 있었다. 그렇게 나의 몸과 정신의 두 피난처 사이를 오고 가며 오직 요양원과 교회에 열정을 쏟아부었다. 다행히 아이들은 아빠의 보호 아래 잘 자라주었다. 나중에 들은 얘기인데 한날 막내와 둘째 딸 사이에 차표가 하나밖에 없었단다. 둘째가 막내에게자기 책가방을 주고 전차를 태워 보내고 집까지 걸어갔었다는 얘기를 듣고 가슴이 참 애잔했다. 너무 기특했고 끈끈한 자매애를 볼 수 있어서 흐뭇했다.

해를 거듭하면서 요양원은 한 가지만 빼고 어느 정도 안정되었다. 경제적인 것은 심히 불안정했다. 아무리 환자를, 노인분들을 돌보는 일이지만 엄연한 사업이다. 돈 걱정 없는 자선 사업이면 오죽이나 좋으련만 호주의 양로원, 요양원은 지자체에서 하는 것을 빼면 다 개인적인 재정 능력에 달렸다. 환자들 호주머니에서 돈을 내야 하는 요양원은 꼭 필요하지 않으면 가지 않는다. 왔어도 양로원에 자리가 생기면 떠난다. 이런 생태계에서 살아남는 요양원은 그리 많지 않다. 시설이나 동네가 좋은 곳 이외에는 다 휘청휘청한다. 내가 시작하기 몇 년 전에 정부의 예산삭감으로 상황이 완전히 바뀌었다. 다행히 첫 2~3년 동안은 남편의 월급으로 지탱할 수 있었다. 시작하고 얼마 안 되어 이런 상황을 집주인하고 상의했다. 52 침상의 건물 렌트비는 침상이 다 차든 안 차든 52 베드로 계산된 고정비였다. 처음 중환자들을 정리한 뒤 줄곧 확보율 60% 정도로는 늘 적자였다. 건물주에게 오래된 건물 보수를 우리가 고치는 조건으로 렌트비를 줄여달라고 했다. 주인은 30% 정도를 줄여주며 나중에 정산을 하자는 말을 농담처럼 했다는 것을 나중에 알았다. 원래 다급한 사람은 듣고 싶은 말만 듣는 법이다.

호주에서 요양원은 법이 바뀌지 않는 한 양로원과 경쟁이 되지 않는다는 것을 깨달은 후 나의 열정이 식어갔다. 그리고 나의 5년 권태기 주기도 넘었다. 그때쯤 남편과의 사이가 좋지 않자 두 번째 이혼의 위기가 왔다. 남편이 이혼을 제안했고 그러기 위해서는 우선 요양원을 복덕방에 내놓았다. 몇 달이 지나도 한 명도 보러 오지 않았다. 그런데 어느 날부터인가 병원 이곳저곳에서 노인들이 들어오기 시작했고 빈방을 치우기가 바빴다. 분위기는 완전히 뒤집혔을 뿐만 아니라 우리의 관계도 다시 좋아졌다. 너무 신이 나서 다시 눈썹을 휘날리며 뛰어다녀도 피곤하지 않았다. 과격한 할아버지를 순한 양으로 만드는 데 도사였고, 밥 안 드시는 할머니는 아예 6개월 아기 이유식 먹이듯이 붙들고 먹였고, 짜증 부리는 요양보호사들도 그냥 투정 부리는 것 같아 귀여웠다. 빚을 청산했으니 우리는 요양원을 내놓을 적기라 생각하고 다시 시도했다. 딱 한 명이 요양원을 보러 왔는데 중국 간호사인 그녀는 7년 전의 나를 꼭 닮았다. 요양사업에 완전히 꽂혀서 흥분을 감추지 못하는 것이 어설프기 짝이 없었다. "아이고 하나님은 어찌 이리도 내가 다 포기하고 손을 놓으니 일하

기 시작하시나요!" 눈도 감지 않고 뛰어다니며 감사 기도하는데 삐죽삐
죽 웃음이 새어 나왔다. 그녀는 내가 요양원을 주고 산값에 7년 동안 못
받은 나의 월급, 딱 그만큼 더해서 내가 내놓은 값을 수락했다.

"그렇죠. 하나님! 불행 다음은 행복이고 실패 다음은 성공인 거죠?" 이
런 날이 오고야 말았다!

하지만 갑작스런 쓰나미는 매우 빠르게 성공을 뒤엎었다. 새로운 예비
임차인이 생겼다고 건물주에게 말을 했다. 그런데 다음 날 팩스 한 장이
들어왔고 몇 년 전에 지나는 말로 했던 "나중에 정산할 수도 있고….." 하
면서 건물세를 깎아주었던 것을 종이로 증명해주었다. 기억에도 없는 그
짤막한 내용은 버젓이 팩스 위에 쓰여 있었다. "나중에 정산한다!"고.

건물주는 허름한 건물을 부수고 커다란 연립주택(town house)을 만
들려고 계획 중이었다. 그때까지 우리가 건물 보수를 직접 해가며 쓰기
를 원했었고 우리는 상호 협의로 윈윈(win win)한다고 생각했었다. 그런
데 건물주는 자기 사업을 추진하기에 아직 일렀다. 무서운 괘씸죄의 덫
에 우리를 걸어놓은 건물주는 갑자기 조물주 행세를 하였다. 4년간 깎아
준 셋값을 다 토해내야 했다. 이런 지저분한 계약에 실망해 새 임차인이
안 사겠다고 할까 봐 또 얼마간을 깎아주고 나니 처음의 절반 값으로 사
업을 처분할 수 있었다. 믿었던 도끼에 발등을 찍힌 우리는 돈을 잃은 것
보다 배신에 분노했으며 어리석음으로 인해 생긴 자괴감으로 나는 처참

했다. 분명히 내가 맛본 성공과 행복은 가까이 있었지만 겹겹이 쌓인 포장으로 나를 현혹하고 있었다.

05   고통의 싹을 갈아엎어라

　무슨 일을 하든지 고통 뒤에 행복이 있다는 것이 보장된다면 인내하고 견딜 수 있다. 또한 얼마 만큼을 어느 정도의 고통이 있는지도 알면 더욱 더 힘을 내서 도전할 것이다. 하지만 사람은 각자 견디는 고통의 한계와 가진 능력이 다르므로 그에 따른 결과가 다르다. 그렇다면 고통이 크다고 행복 또한 비례할까.

　결혼 15년, 첫 번째 이혼 위기로 변호사를 찾았었고 그의 조언대로 사업으로 나의 행복지도가 획기적으로 변하였다. 그 후로도 여러 번의 굴곡으로 주저앉기도 했고 요양원의 재기 이후 한동안은 죽어가던 연애 세

포가 살아나 다시는 사랑할 것 같지 않은 사람이 좋아지기도 했다. 남편도 자전거를 구입하고 나의 생일 선물로 '자전거 여행'을 같이 가고 싶다고 요청하여 9박 10일의 500여km 대장정 The Great Victoria Bike Ride(매년 3~5000명의 참가자로 주로 빅토리아의 시골길과 들판 힐hill을 자전거를 타고 이동하는 이벤트)을 함께 가기도 했다. 두 번째의 신혼인 줄 알고 고진감래를 맛보기도 했다.

호주 한여름의 뜨거운 태양 아래 바싹 마른 잔디는 겨울의 선선한 날씨와 비를 맞아 다시 예쁜 녹색의 잔디가 된다. 하지만 매년 거듭되는 가뭄과 사람들에게 짓밟혀 씨가 마르고 잡초들이 더 무성하게 지배하면 그 잔디는 갈아엎어야 한다. 제아무리 다시 뿌릴 새 씨가 준비되어도 반드시 뒤집어 기존에 있던 오래된 잔디를 뽑아내고 새 흙으로 판판하게 다지는 엄청난 밑 작업이 필요하다.

만성이 되고 깊어지는 갈등의 종말은 오래도록 준비된 것이지만 갈아엎는 작업은 죽을 만큼 힘들었다. 나의 두피와 사타구니에 염증이 생기더니 커다란 종기가 되었다. 흔히 이혼할 때 조언하기를 '누구든지 나가는 사람은 지는 거다.'라는 말 때문에 꼼짝없이 각방을 쓰게 되었고, 집 감옥(housse prison)처럼 되었다. 심리치료사가 인도해준 가정법원 조언자가 나를 구해주었다. 합의 이혼은 어느 누가 무슨 말을 주장하든, 누가 나가든 상관이 없다고 했다. 모든 자산을 합쳐 반반 나누는 것이 법이라고 명쾌한 대답을 했다. 생각해보면 지극히 상식적인 것이 법이다.

법으로 집 안의 모든 가전제품과 살림살이도 반반 목록을 적어 내야 했지만 골동품 같은 가치 있는 것이 없어서 천만다행이었다. 수저 젓가락까지 리스트를 만들어 반을 가르는 자체가 초라하고 유치해서 그만두었다. 변호사에게 알아서 잘하겠다고 했다. 깔끔하게 헤어져 주는 것만으로도 고마웠던 일이라 그까짓 살림살이를 두고 생길 수 있는 갈등으로 더 오염시키고 싶지 않았다. 오직 옷 몇 가지와 책 몇 권만 여행 가방에 넣어 딸 방의 옷장 안에 넣어두었다. 엄마가 주었던 은수저 한 벌만 챙기고 보니 내가 시집올 때 들고 왔던 모습 그대로 나가는 모양새가 되었다. 한순간 꼭 소박맞아서, 죄를 저지르고 도망가는 느낌이 들었지만, 살겠다고 바리바리 싸서 나가는 것은 더 비참할 것 같았다. 내 작은 소형차에 간단한 캠핑 기어와 담요 한 개, 식기 도구 한 상자에 보물 1호가 된 자전거를 실었다. 그날 이후 차박 생활이 시작되었다. 몸은 비록 내 집만큼, 내 침대만큼 편하지 않았지만, 영혼만큼은 자유로운 싱글이 되었다.

바닷가가 보이는 카라반 파크에 일주일 동안 정박하고 물을 보며 하염없이 울다가, 자다가, 먹다가를 반복했다. 이런 자유의 날이 오기를 지체했던 이유는 애들 때문이었다. 오랫동안 아이들의 성장에도 상당한 영향을 끼쳤을 것이다. 그래도 그 편이 최선이었다고 결정한 이상 막내가 성인이 되기까지 버텼다.

결혼 생활 30년 동안 남편을 선생님처럼 존경하고 어려워하며 살다가 목소리를 잃었다. 어른이 된 아이들은 자신들의 삶을 잘 꾸리고 있을 만큼 대학 공부까지 투자하였으니 누구도 나의 행복을 말리면 큰일이 벌어질 거다. 최소한의 것들로 사는 미니멀리스트가 되었다. 몇 년 전부터 막내딸이 알려준 미니멀리스트 팟방(podcast)을 즐겨 들으며 많은 깨달음이 있던 터였다. 당연히 물질적인 것과 정신적, 디지털 미니멀리스트에게 관심이 있고 실천하고 싶다. 이미 남편이며 아이들은 가지치기했으니 겨우내 쳐낸 앙상한 나무는 더욱더 많은 새순이 돋아날 봄을 기다린다. 까맣게 딱지 앉은 상처들이 잘 아물기를 바라는 듯 해변에 맞닿는 파도가 자꾸 내게 와서 씻어주고 가기를 반복했다.

카라반 이웃 부부가 말을 건넸다. 며칠을 작은 차 안에서 뒷문을 열어젖혔다 닫았다 하며 바다만 보고 있는 여자가 매우 궁금했던 모양이다. 멋쩍게 인사를 했고 에둘러 말하기도 싫었다. 이혼은 죄가 아니며 내가 선택한 삶이니 부끄러워지고 싶지 않았다.

"며칠 전에 독립선언하고 집 나왔어요!" 아무렇지도 않은 듯 말했다.

"축하해요(Congratulations!)" 여자는 1초의 망설임도 없이 대답했다.

애써 씩씩하게 잘 버티고 있었는데 예기치 않은 반응을 듣고 너무 놀랐다. 갑자기 고여든 눈물이 제방이 무너지듯 쏟아졌고 그녀는 나를 감싸 안고 등을 토닥여주었다. 대부분 사람들의 반응은 '오, 그것 참 안 좋은 소식이네 미안하네!(I'm sorry to hear that news.)'이다. 그런 식상한 인사도 듣기 힘들어 사람들을 외면했었다. 그 축하 메시지는 나의 모든 슬픔, 고통, 자괴감, 창피함과 앞으로의 불확실한 미래에 대한 두려움 그리고 혹시 남아 있을 미련과 후회가 뒤엉킨 복잡한 감정을 한 방에 날려 보냈다. 완전히 다른 관점에서 바라본 그녀의 감정은 '축하'할 일이었다. 이 반전의 반응을 보일 수 있는 사람은 분명히 경험자가 아니면 쉽게 가지지 못하는 감정 같았다. 부부는 모두 이혼의 경험이 있었다. 특히 여자는 이혼할 당시 몇 년간 지저분한 법정 문제로 힘들어했고 지금의 남편이 많이 도와주었다고 했다. 재혼을 한 지도 10년이 넘었고 지금까지 행복하게 잘 살고 있으니 나에게도 희망을 품으라고 이른 조언을 했다. 일주일을 정박시켜놓고 문을 열어놓고 살았으니 배터리가 방전되어 꼼짝을 못 하고 있는데도 그들은 내가 부른 차 서비스보다 더 빨리 차를 점프(다른 차의 바테리로 연결해 엔진을 켜는 것)시켜 놓았다. 나의 연락처에 캠핑카친구(campermate) 1호로 올라가 있다.

몇 달 후 별거 전에 예약했던 유럽 자전거 여행을 감행했다. 왠지 이 상황에 여행은 사치인 것 같아 취소하려 하니 심리치료사가 조언했다. 별거했다고 해서 나의 인생 스케줄을 바꿀 필요가 없으며 더욱 좋은 기회로 이용했으면 좋겠다고 했다. 싱글 때 친구랑 배낭여행으로 처음 유럽에 갔던 곳을 다시 싱글이 되어 가게 되었다. 동호회 친구들은 모두 여자였고 10명이었다. 리더가 위로의 말을 건넸다. 주변에 많은 여자들이 이혼을 원하지만 여러 이유로 그냥 참고 사는 여자들이 많은데 내가 한 일은 아주 용감한 일이라고 했다. 그룹으로 자전거 무리를 지어갈 때 흔히 리더가 둘 있다. 맨 앞 리더는 길을 인도하고 뒤의 리더는 처지는 사람이 없게 한다. 또한 바람이 너무 분다거나 앞 사람들의 긴장을 풀기 위해서 연속적으로 체인이 돌아가듯이 돌아가며 자리를 바꾼다. 클럽의 회원들은 엄마 오리, 자매 오리들처럼 나를 돌아가며 돌봐주었다. 혼자 쭈그리고 앉아 연민에 빠질 틈을 주지 않았다. 참으로 고마운 일이었다.

일정 중의 하나인 프랑스 북부에 모네 화가가 직접 만들었다고 알려진 '모네 가든'을 방문했다. 1헥타르나 되는 정원은 환상적이었다. 가장 마음을 끌었던 곳은 역시 유명한 그림처럼 빨간 다리가 있는 '물의 정원'이었다. 마치 나는 그곳에 떠 있는 하얀 돛단배 위에 앉아 있는 착각을 했다. 잔잔한 물 위를 커다란 수련의 보자기로 감싸고 있고 사이사이 예쁜 보랏빛의 수련 꽃은 아기들 손처럼 흔들어댔다. 앞으로 고통의 싹이 다시 날 것 같지 않은 아름다운 세상 같았다. 모네는 이런 낙원 같은 정원을 만들고 가꾸면서 힘들었지만 행복해했다. 그리고 나무들이, 꽃이 가져다준 행복을 다시 화폭 위로 옮겨 놓았다. 눈으로, 손으로, 마음으로 사랑을 담아 하늘은 파란색을, 나뭇잎에는 녹색을, 내 가슴 위에는 핑크빛으로 덮어 칠했다.

나는 행복할 자격이 충분하다

삶이 녹록지 않고 고생한 사람들은 가끔 말한다.

"난 행복할 자격이 있어!"라고. 또 이 말은 "나 할 만큼 했으니 이젠 쉬어도 돼!"가 아닐까 한다. 아마도 그래서 요즘에 생긴 것이 호캉스(호텔에서 휴가)가 아닌가 싶다. 휴가는 못 가도 호텔이라도 가서 휴가처럼 즐기고 쉬다 온다. 의무를 다한 후에 갖는 보상받을 자격으로 여기는 게 아닐까.

같은 심리로 열심히 일한 사람들은 물질로도 자기에게 관대해진다. 금수저들이나 허영에 들떠 남에게 보이는 삶이 중요한 사람들이 외제차를 사고 명품백을 사는 것은 예외다. 정말 열심히 산 사람들이 보상으로 외제차를 사거나 흔하지 않은 로망의 무엇을 산다고 부러워하거나 질투할 필요는 없다. 내가 직접 요양원 사업을 죽을 만큼 힘들게 일하고 나서 바뀐 관점이다. 머리가 절로 숙여지는 자영업자들의 힘겨운 삶의 대가로 작은 선물 같은 것이다.

　가까운 지인 중에 열심히 사는 언니 부부가 있다. 오래전에 만난 인연으로 남편을 소개해준 은인이기도 하다. 언니는 현재 작가이자 시인이다. 현실이 책의 이야기인지 쓰고 있는 책의 주인공이 언니인지 잘 구분이 안 될 정도로 환상(day dreaming)에 젖어 살고 있으니 열심히 산다기보다 잘 살고 있는 편이 맞다. 언니의 남편이야말로 소설 '성공하는 필수 조건' 정도의 주제로 충분히 채택될 주인공처럼 산다.

　처음 사우디에서 언니와 만날 때부터 시작된다. 결코 멋있게 차려입었다고 할 수 없는 청바지에 반소매 비즈니스 셔츠가 언니 남자친구의 겉모습이었다. 그리고 옆구리 밑에 가방이라고 하기엔 좀 작은 꼭 남자들의 세면도구 가방 같은 가죽 백을 끼고 다녔다. 하지만 얼마나 오래 가지고 다녔던지 길이 잘 들여진 가죽을 넘어 가죽은 이미 뱀 껍질 모양으로 쪼개져 허물을 벗고 속살이 다 드러나 보였다. 오히려 언니가 남 보기가 부끄러워서였을까 무슨 기념할 날에 비슷한 모양의 가방을 선물해주었다. 어린 아기들이 좋아하는 인형이나 담요가 헤지면 부모들이 꼭 같은 것으로 바꾸어주듯이.

그는 여행을 가도 버스를 타거나 걸어 다닐 수 있는 거리는 절대로 택시를 타지 않을 만큼 허투루 돈을 쓰지 않는다고 언니는 툴툴거렸다. 동남아 여행을 가서 툭툭(승객을 태우는 자전거 운송 수단)을 타고 남는 잔돈도 챙기는 남자가 창피하다고 언니는 혀를 내둘렀었다. 아무려면 어떤가. 그는 사우디에서부터 몇 년 동안 열심히 일한 돈으로 집을 사고 또 몇 년을 일하고 집을 다시 샀다. 집도 새로 짓거나 멀쩡한 집은 사지 않는다. 멋진 집의 프리미엄을 주는 대신 미래의 시세 가치가 있는 몫에다 차곡차곡 집을 샀다. 그리고 그 집들을 손수 다 뜯어 고치고 새집을 만들어놓는다. 하루는 내게 걸레같이 꼬깃꼬깃하고 무릎과 엉덩이가 해진 청바지를 보여주며 집 지을 때 입었던 옷이라고 자랑스러워 수줍게 웃었던 것을 잊지 못한다.

그러던 그를 어느 날 오랜만에 길에서 우연히 만났는데 내 눈을 의심했다. 그의 형색은 예전과 달라짐이 없었지만, 그가 내린 차에 내 눈이 꽂혔었다. 멋진 BMW 4WD 하얀색이었다. 그의 몸집과 다르게 늘 평범한 소형차만 몰던 사람이었는데 이게 무슨 일인지 잘 이해가 되지 않았다. 역시나 겸손한 몸짓으로 겸연쩍게 자기 차라고 했다.

"너무 잘했어요! 당신은 당연히 이런 차 탈 자격 돼요. 행복할 자격 된다고요!"

나는 꼭 그의 친동생처럼 좋아했다. 그의 차를 둘러보며 이제야 누리는 그가 안심되었고 훈훈했다. 그가 소위 말하는 알부자임을 알지만, 그의 재산에 배 아파본 적이 없다. 그야말로 피땀 흘려 번 돈을 아껴 모아 집을 사고 고치면서 이룬 결과이다. 호주에는 이런 겸손한 그리스인, 유대인 알부자들이 많지만, 그는 흔치 않은 돌연변이 뉴질랜드 산이다. 그 집에서 나오는 셋값만 받고도 룰루랄라 하며 살아도 되지만 그러지 않았다. 다시 헌 호스텔을 고쳐 쓰는 조건으로 연장된 임대 계약을 따내고 사업을 은퇴 시기가 지난 65세까지 했다. 그의 근면함과 소박함은 참으로 본받을 만하다. 그러던 커플을 내가 '호주 대장정'을 하는 도중에 만났다. 드디어 은퇴 후 그들은 로망이었던 여행길에 올랐다. 다시 한 번 그의 캠핑카를 보고 비슷한 감정이 솟구쳤다. 모든 것이 구비된 캠핑카는 너무나 멋졌다. 굴러가는 호텔을 연상케 했다. 그는 궁금해하는 나에게 신나서 보여주었다. 도대체 없는 것이 없이 구비되었다. 태양광에 발전기까지 부착된 이런 차의 가격이 궁금하여 물었더니 역시 겸손한 그는 겸연쩍어하며 웬만한 집값이라 했다.

너무나 보기 좋았다. 그리고 행복해하는 그들을 보는 것만으로도 흐뭇했다. 호주 한 바퀴를 아주 촘촘히 도느라 1년이 넘었는데 아직 대장정 중이다. 아주 오래오래 건강하게 행복하게 원하는 뉴질랜드를 거쳐 세계여행까지 평생 하셨으면 좋겠다.

그들은 행복할 자격이 충분하니까.

남편과 나 역시 열심히 살았다. 다행히 둘 다 근면하고 물질에 집착하지 않는 성격은 많이 닮았다. 남편은 시간이 남아도, 휴가를 받아도 늘 창고가 그의 쉼터였다. 그런 남편에게 나는 열심히도 새참이며 커피를 가지고 가 막간의 여유를 함께했었다. 시간이 나도 어떻게 놀 줄을 모르고 손에 망치가 들려 있는 것을 좋아했고 편안해 보이기까지 했다. 오죽하면 끝도 없이 우리 집 짓는 것도 20년을 넘기니 완성도 하기 전에 다시 페인트칠을 한다면 웬만한 사람이면 지긋지긋해했을 것이다.

같은 가난을 겪고 자란 사람들이지만 나는 적응이 그보다 빨랐다. 종종 힘이 들면 쉬고 싶고 휴가도 가고 싶었다. 하지만 그는 돈 걱정에 집 걱정, 부모 걱정에 쉽게 자신에게 휴가를 허락하지 않았다. 시부모님이 영어를 잘하지 못해 소통에 문제가 있다는 이유로 남편은 긴 해외 출장을 가지 않았다. 온 가족이 5년 동안 해외에서 살 수 있는 좋은 기회와 유럽 여행을 함께 할 수 있는 해외파견 자리는 누구든지 사양하지 않고 기다리는 선물이었다. 스스로 행복할 자격을 박탈하는 것 같아 심히 아깝고 안타까웠던 케이스였다. 남편이 생각하는 행복의 가치는 내가 생각하는 행복과 우선순위가 달랐다.

은퇴하기 완벽한 때는 내가 정한다. 호주는 법적으로 23년 2월 현재 66.5세이고 7월부터는 67세가 은퇴 나이다. 간호사들은 은퇴 나이와 상관없이 원하면 70세에도 일을 할 수 있다. 수입을 잘 조절하면 연금이 줄어들지 않는 시간만큼만 일할 수 있다. 즉 은퇴하면 노인 연금을 탈 수 있다. 물론 재정 능력 테스트를 해서 소위 부자들은 받지 못한다. 또한 재정 능력이나 라이프스타일(life style)에 따라 조기 은퇴도 가능하다.

YOLO(You only live once), '욜로족'이라는 말이 2011년 캐나다 래퍼의 가사에 나오면서 젊은이들 사이에서 화제가 되었다. 이제는 우리 주변에도 심심찮게 이런 욜로족을 볼 수 있다. 현재 자기 행복을 가장 중시하고 소비하는 태도로 미래를 위해 현재를 희생하기를 꺼린다. 당연히 이런 소비를 만족시키기 위한 회사와 사업들이 등장하고 욜로족을 겨냥해 지갑을 열게 하는 유혹을 한다. 이런 세태로 소비 태도가 변하고 당장의 행복을 위해 취업도, 내 집 장만도, 결혼도, 아기 낳은 것도 포기하는 3포 세대, 5포 세대가 나타나는 극단적인 사회 문제를 낳기도 했다. 물론 욜로족이 아니고 열심히 사는 청년들이 경제적 어려움으로 인해 포기하는 안타까운 현실이 더 마음 아프다.

정신 건강이 나빠지면서 모든 점에서 자신감이 떨어졌다. 간호사로 일을 줄이고 부담 없는 스태프(casual staff)로 일했었다. 가끔 일을 하다 보니 환자 파악은 늦어지고 약 투여 시간은 지연이 되었다. 그러다가 동명이인의 환자에게 인슐린을 주는 실수를 저질렀다. 다행히 큰 용량이 아니었고 투여하자마자 보고하고 대처해서 환자 자신도 모르게 지나갔다. 하지만 나에게는 쇼킹한 일이었고 나의 전문직 커리어에도 큰 오점을 남긴 사고였다. 나 스스로 더욱 실망스러웠다. 겁이 나고 두렵고 자신이 없어졌다.

남편과 별거하기 바로 전의 일이었으니 내가 감당하기 너무 힘든 일들이 한꺼번에 겹쳤다. 살 의욕조차 나지 않는 고비에 은퇴를 결정했다. 힘들고, 지치고, 아픈 나는 불행할 것이 불 보듯 뻔했다. 아직 연금을 받을 나이도 아니지만, 이혼 후 집을 사지 않으면 그럭저럭 아끼면 얼마간은 버틸 것 같았다. 나중에 간호사를 다시 해도 되는 일이니, 일단은 내 몸을 추스르는 것이 우선이었다. 홀로 된 이후 내 몸은 내가 돌봐야 하고 내 행복은 내가 지켜야 함을 새삼 깨달았다. 현재에 집중하고 미래도 희생하지 않는 나는 가짜 욜로(fake YOLO)가 더 어울린다.

나는 행복할 자격이 충분하므로!

Happiness MAP

5장

행복에도
전략이
필요하다

01 행복지도를 그리는 딸들

아이들이 어른보다 새로운 것을 배우는 데 있어서 빠른 이유는 무엇일까? 어릴수록 겁이 없기 때문이다. 아마도 '만약에'라는 개념이 없기 때문일 것이다. 내가 나이 50이 넘어서야 자전거를 배울 수 있었던 것은 두려움이 자신감을 지배하고 있었기 때문이다. '만약에 넘어지면 어쩌지, 뼈라도 부러지면 어쩌지, 남이 비웃으면 어쩌지….'라는 두려움 때문이었다.

이혼이 늦어진 이유도 만약에 양육권을 뺏기면 어쩌지, 혼자 아이들을 못 키우면 어쩌지, 돈을 못 벌면 어쩌지 하는 두려움이었다. 이어지는 공포에 싸이게 되면 아예 포기하고 도로 주저앉아 앞으로 나아가지 못한다. 하지만 이 두려움의 장벽을 넘게 되면 그다지 어려운 것이 아니었다는 것을 깨닫는다. 나를 의심하고 괜한 걱정으로 주저한 시간과 에너지로 행복지도를 그렸다면 지금은 너무도 달라졌을 것이다.

둘째 딸을 사산하고도 딸 둘을 더 낳았다. 셋이 닮은 듯하면서 아주 다르다. 그들의 성향과 관심사가, 삶의 스타일이 놀라울 정도로 판이하다. 반은 한국인의 부지런한 피를, 다른 반은 고대 그리스인의 강인한 피를 받은 혼혈아다. 속과 겉모습이 큰아이는 반씩, 둘째는 아빠를 더, 막내는 나를 더 닮은 듯하다.

첫째 딸은 태어날 때도 우람한 9파운드, 4.09kg으로 태어났다. 활발하고 쾌활한 성격을 가져서 우리 집의 행복 바이러스다. 성인이 되면서는 샤랄라한 롱드레스를 즐겨 입는 여신이 되었다. 다른 호주 애들과 달리 브랜드를 좋아하고 버는 돈을 아낌없이 자신에게 투자하는 철모르는 큰아이였다. 하지만 그런 속 빈 강정이 코로나의 영향을 받아 결혼식을 미루고 또 미루는 사이 아들을 낳았다. 엄마가 되더니 딸은 10년은 훌쩍 큰 성숙한 여인으로 변신했다. 그제야 모성애를 알고 가족의 중요성을 깨닫는 듯했다. 첫아이를 가지며 가졌던 두려움은 둘째 아이를 낳을 때 본능에서 뿜어낸 불가사의한 철의 여인으로 변했다.

나는 호주 대장정의 긴 여행의 끝을 딸의 둘째 출산에 맞추어 끝냈다. 첫째 손자와 두 살도 차이가 나지 않아 도움이 필요했고 딸의 산후조리를 도우려고 딸 집 앞에 캠핑카를 세워놓고 지냈다. 그러다 주말이 되면 서로의 공간(space)을 위해 캠핑카를 끌고 나갔었다. 그러던 어느 주말 새벽에 전화로 날 깨웠다. 양수가 터졌다고 했다. 혹시 몰라 가까운 카라반 파크에 있어서 다행이었다. 그래도 떠나기 전 캠핑카 안에 물건들이 떨어지지 않게 정리도 하고 물을 채우고 가느라 2~30여 분이 걸렸다. 급하게 딸 집 앞에 도착하는데 앰뷸런스가 뒤따라오더니 같은 집으로 들어갔다. 집은 아수라장이었다. 집이 떠나가라 우는 두 살 손자 쪽으로 가보니, 딸과 사위는 목욕탕에서 아기를 받고 있었다. 딸은 타일 바닥 위, 목욕 타월에 주저앉아 탯줄이 아직 달린 아기를 가슴에 보듬고 있었고 손자는 그런 엄마 옆에서 엉엉 울고 있었다. 머리가 까치집이 된 사위는 그 어중간한 사이에서 엉거주춤 산파 역할을 하고 있었다. 다산을 한 엄마에게서나 볼 수 있는 광경을 그것도 겨우 두 번째 출산에 양수가 터지고 곧바로 아기가 나오는 예는 극히 드물다. 첫아이도 12시간이 넘게 걸렸으니 로켓분만은 모두 상상하지 않은 일이었다. 처음에는 늦게 도착해 너무 미안했지만 생각하니 다행이었다. 하마터면 길 위에서 혹은 차 안에서 애를 낳을 뻔했으니 말이다. 그들은 너무 침착했고, 용감했고, 위대한 부부였다. 난 입을 다물지 못한 채 호들갑을 떨지 않으려 애썼다. 딸이 나를 보고는 참았던 모든 복받치는 감정을 놓으려는 찰나 "넌 너무 용감해.(You're so brave)."라는 말로 정신을 가다듬게 했다. 앰뷸런스 간호사들과 딸은 탯줄을 끊지 않기로 결정하고 아기를 가슴에 품은 채 밖의 스트레처까지 걸어 나갔다. 아! 이 아찔한 광경은 '엄마는 위대하다.(The great Mom!)'이라는 제목으로 뉴스에나 나올 법했다.

딸은 이제 잘 다니던 직장에 육아휴직(maternity leave)을 2년을 쓰고도 모자라 결국 휴직계를 내고 전업 주부가 되었다. 그 위대했던 엄마가 언뜻언뜻 뒤돌아보며 자신의 정체된 모습과 경력 단절로 쌓아놓은 커리어를 걱정하고 있다. 호주나 한국에서 보는 여느 여자의 일생과 비슷하다.

둘째 딸은 아빠를 많이 닮았다. 미안하게도 나를 닮은 것이라곤 작은 키다. 늘 활발한 언니 옆에 대기하는 조용한 조연이었다. 내성적이라 잘 표현하지 않았지만 싫은 일은 하지 않는 고집과 깡이 있다. 둘째와 셋째가 바이올린을 배우고 있었다. 연습하라는 나의 소리에 막내는 싫어도 울면서 했지만 둘째는 조용히 바이올린을 케이스에 담고 소파에 누워 묵언 항쟁을 했다. 확실한 자신의 의지를 보고는 놀랐다. 공부를 가르쳐주려고 한두 번 '아니지.'라는 소리에 닭똥 같은 눈물을 흘리는 이유는 무언가 자존심에 상처를 긁혔음이 아니었을까. 내 딸은 맞는데 도통 잘 모르겠는 조심스러운 아이였다. 그런 수줍은 줄만 알았던 딸에게 하고픈 스포츠 하나를 고르라 했고 리듬체조를 선택한 것도 반전이었다. 흔치 않은 것에 대한 도전을 두려워하지 않는 신비로운 아이였다. 리듬체조의 부드러운 곡선과 강한 끊어짐이 딸아이에게 꼭 어울렸다. 마음껏 마음의 것들을 표현하기를 바랐다. 그 덕분이었는지 나중에는 근거 없는 자신감이 충만한 아이로 나를 놀라게 했다.

호주는 한국과 달리 대학을 목숨 걸고 가려고 하지 않는다. 대학은 어지간히 공부에 관심이 있는 아이들이 간다. 그렇지 않고는 헤어드레서, 요리사, 배관공, 목수… 등이 되기를 원하는 애들이 10학년, 고1에서 마친다. 그리고 기술학교를 가거나 직접 수습생 인턴으로 들어가 배운다. 매우 현실적이고 세월 낭비도 없으며 원하는 일을 하니 만족도와 실력도 좋다. 화이트칼라와 비교해도 일찍이 시작한 그들은 일에 자부심이 있고 돈도 엄청나게 잘 번다.

둘째 딸은 딱히 좋아하는 것도 모르겠으니 고1만 마칠 수도 없고 그냥 쭉 고3까지 다니면서 대학 시험을 치르게 되었다. 미안한 얘기지만 나는 속으로 '네가 대학에 가면 내 손에 장을 지진다'고 생각하면서 차마 상처받을까 말을 못 했다. 천재는 분명 아닌데 공부는커녕 숙제도 언제 하는지를 모르겠을 정도였다. 그런데 대학에 간 것이다. 입학시험 성적은 자신 이외에 아무도 모른다. 아무려면 어떠랴! 갔는데…. 하마터면 내 손을 지질 뻔했지 말이다. 뭐, 호주는 대학을 들어가긴 쉬워도 졸업이 어렵다는데 잘 견뎌주기만을 바랐다. 그런데 반년쯤 지났을 때 영양학과로 이름난 대학으로 편입을 할 거라 했다. 다시 한 번 '아이고 한 번의 운을 너무 믿는 거 아냐? 네가 들어가면 다시 내 손에 장을 지진다'고 하며 귓등으로도 듣지 않았다. 하지만 그녀는 이번에도 기적을 만들었다. 남편의 말이 옳았다. 그녀는 조용한 성취자(quiet achiever)였다. 얄궂은 멋쟁이, 매력이 뿜뿜 뿜어났다.

그러던 딸이 교환학생으로 캐나다에 갔다. 딸의 지구 탐색이 시작되었다. 4년 동안 온 세상을 휩쓸고 돌아다녔다. 캐나다의 스키 리조트에서 일하며 눈이 좋아져 포근한 눈을 찾아 겨울의 일본으로, 따뜻한 오키나와 호스텔로 옮겨 침대보를 갈면서 놀았다. 남미 끝 파타고니아로 가는가 했는데 노르웨이의 백야 오로라를 보여주는 여행 가이드로, 남쪽 유럽 포르투갈에서는 서핑을 배웠다. 인도로 가서 명상과 요가를 끝으로 집시의 전성시대를 마감했다. 내가 너무 몰랐던 둘째 딸은 두려움을 모르는 엄청난 도전자였다. 몰라볼 정도로 성숙해진 딸은 호주로 돌아왔다. 공부에 영 관심이 없었던 딸이 일하며 공중보건 대학원을 다닌다. 셋 중에 가방끈이 제일 길어졌다. 원하는 삶의 스타일(life style)을 찾아 서핑이 가능한 도시에 터를 잡고 가능한 집에서 일을 하며 자신만의 행복지도를 그리고 있다.

사산한 딸 대신 보내주신 감사한 딸이 막내다. 다른 아이들과 임신 과정이 많이 달라 아들인 줄 알았다. 딸을 낳으면 그리스인 이름을, 아들을 낳으면 한국 이름을 짓기로 했으니 아들 이름을 지어놓았다. 하지만 아들 같은 딸에게 지어놓은 한국 이름을 주었다. 아이는 좀 특별했다. 툭하면 열이 38도가 넘었고 찾아간 의사는 나도 의사 노릇 할 법한 해열제가 처방의 끝이었다. 그러다가 급기야는 아기를 부부 침대 가운데에 모시고 신줏단지 깨질세라 조심하며 지내기를 3년을 했다. 그러다가 전문가의 도움으로 우리가 다 아는 일관된 훈련으로 딱 3일 만에 고쳐진 아이는 순둥순둥 자기 침대에서 잘 지냈다. 어찌 잘못될까 두려워 벌벌 떠는 부모를 아이가 조종했었다. 책임감이 강하고 독립적이며 논리적인 딸은 이제 외식을 할 때면 나의 메뉴를 골라주고 미래를 걱정해주는 성인이 되었다.

하루는 문신을 하고 싶다고 했다. 첫 문신으로 한 팔에는 엄마가 주는 정신적인 유산(spiritual legacy/heritage)를 새기고 다른 팔에는 아버지의 유산을 새기겠다고 했다. 문신을 좋아하지 않았지만 의젓한 생각에 감복했을 뿐이다. 그리고 딸에게 멋진 생일 선물로 문신을 해주고는 평생 유산처럼 살라 했다.

'멋지고 당당하게!'라는 한글이 딸 팔 위에 파랗게 살아 있다.

행복에도 이름이 있다

내 오른 손목에 1.5cm x 1cm 정도의 화상 자국이 있다. 거실에 나무를 때는 난로(fire place)가 있다. 전통적인 방식인 매립형 벽난로가 아닌 연기를 밖으로 빼낼 수 있는 독립형 화목난로다. 예전 학교에 겨울 난방으로 각 교실에 있던 난로(closed fire chamber)와 비슷하다. 천장이 높고 넓은 거실에 추운 겨울 난방으로는 다른 어떤 난방보다 보기도 좋고 효과가 좋다.

영하로 내려가지 않지만 호주의 겨울은 생각보다 쌀쌀하다. 아이들의 하교 시간에 맞추어 불을 지펴놓았다. 불을 붙이는 어려움도 반복된 학습으로 노하우(know-how)가 생겨 남편보다 더 잘했다. 밥하듯이 자신

있게 한다. 먼저 작은 나뭇가지 정도의 불쏘시개(kindling)를 얼기설기 쌓고 다음엔 중간 크기의 나무 몇 개, 다음엔 큰 나무 두 개 정도를 공기가 통하도록 쌓으면 된다. 그리고 큰 나무가 반 정도 탔을 때 다른 새 나무를 위에 올려주면 된다. 하루는 습기가 있던 나무였는지 연기가 심했다. 문을 조금 열고 큰 나무를 집어 던졌는데 손목이 문에 살짝 스쳤다. 철강으로 만들어진 화목난로는 불을 붙이고 몇 시간이 지나면 화력이 세지면서 상상할 수 없을 정도로 온도가 올라 마치 용광로 같다. 정말 살짝이었는데 2도 화상이었다. 주의를 기울여 화상 치료를 했음에도 염증이 생겼고 상처가 생겼다. 처음에는 보기 흉할 만큼 빨갰다. 1~2년이 지나면서 조금씩 빨간 기가 옅어졌지만, 술을 먹는다거나 몸이 더우면 상처부터 빨개졌다. 하지만 10년이 지난 지금의 상처는 나의 살색이 되었고 흉터도 그리 밉지 않다. 삶의 훈장으로 받은 하얀 문신이 되었다.

남편에게 독립선언을 하고 이혼이 성립되려면 1년을 별거해야 했다. 법적으로 정해놓은 이유는 1년 동안의 조정 기간을 주는 거다. 화가 난다고 즉흥적으로, 심사숙고하지 않고 가볍게 생각하고 헤어지는 경우 다시 한 번 화합의 기회를 주자는 의미이다.

나에게는 이혼의 생각이 즉흥적이 아닌 10년이 넘은 만성이었으니 다시 1년의 별거는 의미가 없었다. 같이 살지 않는데도 남편의 성을 써야 하니 그의 그늘에 있는 기분이었다. 별거를 시작하니 마음은 더 멀리, 빨리 떠나버렸다. 지난하게 마음 고생했던 때가 있었나 싶은 정도로 남편은 남이 되었다. 그래도 애들의 훌륭한 아빠로 손주들의 훈훈한 할아버지로 멋지게 남겨두었다. 혼자 살게 되면서 자유로운 영혼으로 훨훨 날아가려는데 그의 성이 나의 꼬리표가 되어 발목을 잡았다.

결혼할 때는 의심도 하지 않고 성을 바꾸었다. 솔직히 말해 아버지에 대한 좋은 추억도, 기억도 없었으니 얼씨구나 하고 바꾸었다. 새로운 나로서 다시 살고 싶었던 차에 결혼하니 해결이 되었다. 촌스런 한국 이름에 그리스 성을 달고 나니 좀 있어도 보이는 느낌마저 들었다. 한국의 아줌마도 아니고 그렇다고 그리스의 여신도 아니었다. 이곳저곳 얽혀져서 해야 할 의무와 책임이 없는 것 같은 어중간한 정체성이 편리했다.

하지만 별거를 하고는 이도 저도 아닌 낙동강 오리알 같았다. 어서 내 것이 아닌 겉껍질을 깨고 오리가 되어 잔잔한 물 위에 고고 청청 떠다니고 싶었다. 사실 나의 국적도, 태생도 바뀐 것이 없는데 든든했던 버팀목이 없어진 것 같고 소속감마저 없어진 것이 살짝 두려웠다. 하지만 성(family name)을 말할 때면 주저주저했다. 내게 맞지 않은 남의 옷을 빌려 입은 것 같은 찜찜함이 있었다. 성을 써야만 하는 서류를 쓸 때면 이 질감이 느껴 속이 뒤틀렸다. 이제는 걸치고 있던 그리스인들의 전통의상 키톤(Chiton)을 벗어버리고 우리의 전통 한복을 걸치고 싶었다. 한복이 나와 어울리고 원래 내 옷이다.

가지 않을 것 같은 시간이 지나고 유예 기간 1년이 지났다. 코로나의 비대면으로 모든 일을 인터넷으로 해야 했다. 1년이 지난 바로 다음 날, 성을 바꾸기 위해 어떤 서류들이 필요한지를 적어둔 대로 실천하기 시작했다. A4 용지 한 장이 꽉 찼다. 적지 않은 외국인, 해외 한국인들이 이 복잡하고 어려운 일이 귀찮아 이혼하고도 전남편의 성으로 사는 것을 흔하게 볼 수 있다. 하지만 호주도 이제 젊은 MZ 세대, 나의 딸들도 성을 바꾸지 않고 결혼하는 것이 추세다.

결혼 30년 동안 한 가정을 이끌면서 한 세대를 살았는데 이 정도의 일은 반갑게 차분히 시작했다. 먼저 호주에서 신용(credit) 점수가 제일 많은 여권부터 시작했다. 일이 수월하게 끝나면 재미가 없다. 내 결혼 전의 이름(maiden name)을 증명할 길이 없었다. 한국에서는 다 통하는 호적 증명서(기본증명서), 가족관계 증명서만으로는 충분하지 않다. 다시 그놈의 출생증명서가 없어서 창피하고 구차한 설명이 통하지 않는 상황이 되었다. 첫날, 첫 번째부터 턱 막혔다. 이름 바꾸기를 포기한 사람들의 심정을 십분 이해했다. 벌떡 일어나 얼마 남지 않은 종이로 된 것은 다 뒤졌다.

"구하라, 그러면 이루어질 것이다!" 그 말이 나에게도 기적이 일어나길 바랐다.

버렸다고 생각한 결혼 후 첫 번째로 갱신한 여권이 한쪽 귀퉁이가 잘린 채 두 개의 지나간 여권과 함께 묶여져 있었다. 남편은 완벽주의자이고 꼼꼼해서 물건이 아까워 잘 못 버리는 사람이다. 심지어 부엌에서 쓰

던 칼도마와 프라이팬도 차곡차곡 차고에 걸어둔다. 그런데 가끔 저장해
둔 것으로 재활용해 요긴한 재료로도 쓰곤 했다. 어디에 있었는지 별거
중에 나의 물건을 정리하다가 앨범과 함께 딸에게 보낸 것이었다. 아날
로그의 감성과 아름다웠던 추억이 가득해서 차마 처리하지 못하고 묻어
둔 앨범들을 집에 남겨두고 왔었다. 서류를 정리하다가 꼬박 하루를, 시
간 여행하며 울고 웃고를 했다.

나의 이름 옆에 선명히 성이 있었고 그의 성이 연달아 있었다. 시민권
을 따기 전 영주권 비자로 있었을 때의 여권이다. 이것 하나로 충분히 내
가 나였고, 내가 그의 아내였음이 동시에 증명이 된 셈이다. 여권은 전남
편이었다는 기념품으로 아직 간직하고 있다.

여권을 바꾸는 데 또 한 번 중요해진 것은 결혼증명서였다. 결혼할 때
받은 증명서는 약식이니 법 효력이 있는 정식 증명서가 필요하다고 했
다. 기가 찼다. 사실 그런 것이 따로 있는지도 몰랐었다. 이혼하려고 하
는데 돈까지 들여서 결혼증명서를 다시 떼야 하는 이 어불성설은 그 누
구에게도 말을 할 수 없는 답답한 심정이었다.

"노애정 씨 맞습니까?(Are you the Nho Aejoung?)"

"네, 접니다!(Yes, I am.)"

딸네 집을 두드린 우체부 아저씨가 날 확인하고 등기 우편을 전해주었
다. 아~ 다시 불린 내 성, '노'로 태어났다. 그리스의 아홉 철자의 기다란
성 대신 간결하게 딱 떨어지는 한 음절, 나의 성 '노'가 이리 좋고 자랑스

러울 수 없었다. 새 여권을 한 손에 들고 같이 놀자고 뛰어오는 두 살 된 손자를 잡고 깡충깡충 뛰었다. 내 이름 석 자를 손자에게 한국인의 피가 흐른다는 사실을 알려주기라도 하듯 수십 번을 따라 하게 했다. 대한민국의 피를 수혈받은 듯 한국인의 정체성을 되찾았다. 오랜만에 느껴 보는 안정감, 마치 길을 잃었다 먼 길을 돌아 집 찾아 무사 귀환한 느낌이었다.

절절하게 원했던 이 벅차오르는 행복은 해방된 독립 기념일, 이혼에 느꼈던 자유로움의 행복과 달랐다. 내 원래 본모습이 이렇게 좋을 수가 없다.

심리학자 서은국 교수님이 쓴『행복의 기원』에 애인과 이별하면 얼마나 힘들까 하는 예측값과 실제 경험값을 비교하니 이별을 실제로 한 이들의 행복은 현재 연애 중인 이들과 비슷한 수준이었다. 이별 후 세상이 끝날 것 같지만 야속할 정도로 우리는 별일 없이 산다고 했다.

이제 인생 3막의 삶을 엮을 행복의 주인공은 혼자다. 2막 때 쓰던 성도 바꿨다. 무대는 호주에서 세계로 바꾸어보련다. 내가 만나는 사람들이 친구이고 문을 여는 곳이 앞마당이 되고 행복이 들어오는 곳이면 다 내 집이 될 수 있다.

가슴에 난 상흔의 고통은 서서히 나의 살색으로 변하고 있다.

그 위에 다른 이름의 행복이 반사되어 더욱 반짝거린다.

03　　　　　　　　　　　**행복하다고 느끼는 일을 하라**

　나의 간호사 커리어를 통틀어 가장 재미나게 일했던 때는 요양원을 할 때였다. 내가 일을 했던 호주 병원, 심장 순환기 내과 병동에는 심장 수술, 시술을 하신 장년, 노년의 70대 이후가 많았다. 요양원은 그보다 더 나이가 많은 85세에서 95세의 노인들이라고 보면 된다. 대부분의 내 간호 역사는 노인 간호였다. 평간호사로서 큰 병원에서 일할 때의 자세와 요양원을 직접 운영하면서의 간호 태도는 확연히 달랐다. 다시 말해서 고용주와 고용인의 태도는 같을 수가 없다.

　병원에서의 환자들은 노인들이라 해도 급한(acute) 곳을 치료하고 간호받는 데에 집중된다. 좀 나아지시면 퇴원하시는 때다. 하지만 요양원은 모두가 만성 질환(chronic disease)이거나 노쇠하신 분들이다. 더 침체되어 있고 정적인 분위기인 곳에 직원들의 태도도 상당히 일 중심이고 수동적이다. 어디서 배운 것도 아닌데 요양원 사업 첫날 환자를 뵐 때부터 나는 다른 사람이 되었다.

"안녕하세요?"

"어떻게 도와 드릴까요?"

"아~ 식사하고 계셨군요, 좀 있다 올까요?"

"아니요, 괜찮습니다. 뭘 도와 드릴까요?"

평소엔 요가, 필라테스에 관심이 없었다. 언젠가 시도했다가 정적인 동작이 나를 졸리게 한 이후는 다시 하지 않았었다. 그런데 고관절이 아프기 시작해서 자세 교정을 하면 좋을 것 같아 필라테스 사무실을 들렀는데 마침 점심 때였다. 그녀의 친절과 설득력에 내게는 고가의 값을 치르고 등록했다. 치료비라 생각했다. 묻지 않아도 그녀는 필라테스 원장임이 분명했다. 카운터에 있는 직원은 널브러져 있는 슬리퍼를 수시로 정리하지 않지만, 그녀는 출근길에 가방도 내려놓기 전에 자기 신발을 벗으면서부터 주변의 신발들을 정리하고 들어온다. "안녕하세요? ○○님!" ○○님이 대답하지 않아도 그 원장은 보이는 사람 이름을 일일이 붙여가며 인사한다. 한 옥타브가 올라간 말미의 '요'를 너무 올린 '시' 음이 처음엔 거슬렸었다. 하지만 난 원장님의 마음을 읽을 수 있다. 간절함을 담은 최고의 서비스를 하겠다는 의지가 만든 습관이다. 원장님의 태도가 고관절은커녕 어깨도 아플 것 같지 않은 젊은 층의 날씬한 여인들이 꽉 찰 수밖에 없는 이유다.

한국의 엄마 집 아파트 상가에 한 커피 볶는 집은 내가 자주 가는 카페다. 커피콩의 선선함과 본래의 커피 맛을 느낄 수 있는 콜드브루(cold brew)가 있다. 엄마도 자주 친구와 같이 교회 갔다가 들르신다고 했다. 그곳에서는 조용히 앉아 책을 읽거나 글을 쓰기엔 너무 유혹이 많다. 주인인 바리스타 여인의 사회성이다. 작은 카페의 모든 손님은 그녀의 단골이고 너무도 편안하게 온 세상일을 간섭하고 토론하는 사랑방 같은 분위기다. 역시 주인은 오고 가는 사람에게 웃음을 퍼주고 만나는 사람마다 그들의 아기, 남편, 할머니 안부까지 물으며 친근감을 표시한다. 문을 열고 들어오시는 고객을 보면 벌떡벌떡 일어나 맞이해주고 나가는 엄마에게 문도 열어주신다. 코로나 시기를 넘기고도 오래도록 카페가 살아남을 수 있는 것은 주인만이 할 수 있는, 소유주의 태도가 진정성 있는 서비스를 창조했기 때문이라고 생각한다. 요양원의 경험으로 안목이 넓어지면서 생긴 사람 관찰하는 버릇이지만 열정을 가진 소상공인들을 보면 같은 뱃사람처럼 애잔해진다.

요양원에 계신 한 분 한 분들이 너무 귀하다는 마음이 들었다. 낮에 일해서 그런가? 활짝 열린 마음으로 모든 것을 다 수용할 수 있을 것만 같았다. 그들이 한평생을 치열하게 살고 어쩌면 마지막이 될 이곳에 오신 것을 생각하면 짠했다. 그 누구도 요양원이나 양로원에서 생을 마치고 싶어 하지 않는다. 그러니 입원부터 적응하기가 힘들어하시는 분들이 많다. 또 어떤 이들은 양로원에 가느니 죽는 편이 낫다는 강한 부정을 갖고 있다. 동양 사람이나 많은 한국인들은 자신이 자식들로부터 버림을 받았다는 생각으로 배신감과 우울감을 갖는다. 그런데도 들어오신 분들을 정성껏 돌보아 가지고 계신 편견을 깨고 싶었다. 노인들의 보호자들도 많은 죄책감을 가지고 계시고 어쩔 수 없는 선택을 한 가족들도 간호의 범주에 넣어야 하다. 간호 학생 시절에 한 정신과 실습은 나에게 적잖은 충격을 주었다. 얼마 후 나도 함께 미칠 것 같은 혼란이 들어 간호사가 되면서 제일 먼저 제외한 과이다. 감정이입(empathy), 공감 능력이 너무 뛰어났다기보다 안 된 마음(sympathy)으로 너무 아팠기 때문이었다. 밖에서 피를 보면 놀라는 간호사들도 제복을 입으면 태도가 변한다. 이제는 충분한 경험과 자리가 주는 중립적인 태도로 잘 이어갈 수 있다.

아무리 공격적인 노인분들이 오셔도 무섭거나 힘들다는 느낌보다 통제할 수 없는 내면의 자기와 싸우는 그들이 안타까웠고 가여웠다. 그러니 접근하는 데 두려움이 없었다.

사람은 익숙한 것에서 안정감을 느끼고 새로운 것들을 잘 시도하지 않는다. 어쩌다 새로 오신 할머니가 어떤 할아버지가 늘 앉던 지정석에 앉아 계시면 그 할아버지는 할머니가 일어나실 때까지 옆에 서 계신다. 성질 급한 할아버지는 아예 잡아 끌어내린다. 이 정도가 되면 딱 유치원 애들의 모습 같아 참 귀엽다. 한 할머니가 수박을 드실 때 우아하게 포크와 나이프로 썰어 드시면 다른 분들도 다 썰어 드신다. 대소변을 실수하시는 분들은 기저귀를 채워드린다. 그럼 영락없는 유아 노인들이 된다. 식사를 거부하거나 못 드시는 노인은 아예 옆에 앉아 떠먹여 드리기도 한다. 신기하지 않은가. 이 세상에 올 때의 모습, 먹고 싸고 울 줄만 알았던 아기처럼 저세상 갈 때도 꼭 같은 모양으로 가는 것이다. 가끔 보호자들이 방문해서 엄마, 아버지가 자식들조차 알아보지 못할 때 너무도 슬퍼하시고 회의를 느끼신다. 방문하고 싶지 않다고 말한다. 그런 사람들에게 이런 말을 해준다.

"못 알아보면 어떠냐? 당신이 알아봐주면 되는 거 아니냐! 그거면 충분하다! 당신이 아기였을 때 당신의 부모님은 있는 그대로 사랑했었다. 당신이 받았던 그대로 해드리면 된다."

다른 관점으로 노인들을 바라보면 그들은 지극히 정상이다. 그렇게 생각한 이후로는 돌아가시는 노인분들 때문에 그리 슬프지 않았다. 한세상 잘 사시다 아름답게 가시는 모습은 숭고하기까지 하다. 그래서 많은 외국인들이 잘 살다 돌아가신 분들을 위해 축제하는 감정으로 장례를 치르는 것을 충분히 이해한다.

나의 뒷모습도 그렇게 손뼉 치는 삶을 살다 갈 거고 나의 아이들은 슬퍼하지 않고 축제를 하길 바란다. 당연히 슬프지만, 열심히 살고 남기고 가는 유산(legacy)을 잘 지키는 것이야말로 삶의 순환이라 생각한다. 노인들과 함께하며 겸손과 지혜를 배우고 지나온 삶을 노래할 때 참으로 행복했다.

삶을 발견하고 노래할 수 있는 방법은 또 하나 있다. 나를 설레게 하고 기분 좋게 하는 일이다. 여행을 하는 것이다. 제일 좋아하는 시점은 본격적으로 준비하는 시기다. 기다림은 때로는 지루하지만 흥분이 더 크고 행복하다. 짐을 쌓기 시작하면서 설렘과 긴장감은 최고조로 올라간다. 드디어 여행 가방을 가지고 차를 타고 가면서 참을 수 없는 행복감이 밀려온다. 살아 있는 생물들은 물론이고 땅과 하늘, 공기, 바람을 만나고 자연의 생태계 안에 합류하면서 교감이 시작된다.

그 자연과 더불어 사는 사람들도 궁금하다. 우리 인류도 자연 속의 하나라는 오묘한 신비와 진리를 깨닫는다. 어떻게 보면 강한 것 같으나 온갖 자연재해를 속수무책으로 당할 때를 보면 또 우리는 너무도 나약함을 알게 될 때는 더욱 그렇다. 그 파란만장한 삶을 사는 사람들과 노인들이 궁금하다. 살아오신 얘기가 얼마나 많겠는가. 또 그들이 터득한 삶의 비결에서 배운 지혜로움은 그 어떤 값비싼 물건보다 더 소중하다.

많은 것을 가진 사람들의 특징은 여유로움이다. 노쇠해서 느려진 행동을 말하는 것이 아니고 경험에서 오는 삶의 진리들을 알고 있기 때문에 조급함이 없다. 원래 빈 수레가 요란하고 작은 강아지가 시끄러운 법이다. 여행하면서 만나는 사람들은 미리 약속하고 만나는 것이 아니고 우연히 만난다. 그래서 더 재미있다. 새로운 만남은 꼭 데이트하는 기분처럼 상대방에 대해 더 알아가고 싶고, 알수록 매력을 느낀다. 꼭 인류학을 몰라도 여러 인종, 성격, 생김이 다른 사람들이 서로 다른 목적들을 갖고 살지만, 만나보면 '산다는 것'은 모두 비슷하다고 생각한다. 비슷한데 다름이 있고, 다른 것 같은데 같은 느낌이 존재한다. 세계는 하나인데 다른 공동체에 속했다는 이유로 법이 다르다. 도덕이라는 양심의 질서와 지구인의 소속감으로 '마음은 하나'라는 엄청난 발견을 할 때 식구 같고 친구 같다. 이 지구에 많은 동물과 식물들이 국경을 초월하여 모두 같듯이 같은 감정을 느끼는 우리 인간들도 함께 공감하는 체험을 하고 싶다.

세상을 누비며 모든 것을 만나는 자유로운 영혼으로 행복을 찾으러 간다.

04 글을 써서 무너지는 나를 일으켜라

　　1903년에 인도에서 태어난 영국인으로 1950년까지 짧은 인생을 산 조지 오웰(George Orwell)은 대작가이다. 현대사회의 이념과 정치체제 등을 비판하고 자유와 인간의 삶에 대한 경고와 비판을 담은 것으로 큰 영향력을 끼쳤다. 그의 수많은 에세이 중에 『나는 왜 쓰는가』에서 글쓰기의 네 가지 동기를 밝히고 있다.

　　첫째, 사람들이 글을 쓰는 동기로는 똑똑해 보이고 싶거나, 사람들에게 관심거리, 이름이 알려지고 싶은 등의 개인적 동기로 글을 쓰게 되는 순전한 이기심에서 쓴다고 했다.

　　아름다운 시, 성경의 시편, 잠언, 노래 가사처럼 언어가 갖는 훌륭한 말의 기교, 리듬에서 얻는 기쁨으로 동기를 얻어 쓰는 것이 두 번째다.

셋째는 사물을 있는 그대로 보고, 진실을 알아내고, 그것을 후세를 위해 보존해두려는 욕구가 계기가 되어 글을 쓰는 역사, 논문, 학술지, 교과서 등이 여기에 속한다.

마지막으로 정치적 목적을 가지고 글을 쓰는 것으로 조지 오웰의 『동물농장』, 『1984』가 여기에 속한다. 정치적 목적과 예술적 목적을 하나로 융합해보려는 동기로 쓴 책들이다.

그가 글을 썼던 동기는 불의를 감지하면서 시작되었다고 했다. 폭로하고 싶은 어떤 거짓이나 주목을 끌어내고 싶은 어떤 사실이 있기 때문에 글을 쓰고 남들이 들어주는 것이라고 했다. 즉 들어주는 고객을 의식하고 계몽하고 싶다는 바람으로 집필했다고 했다.

나는 왜 책을 쓰고 싶은 걸까?

나의 유년 시절, 학창 시절에는 꿈에도 글을 쓸 수 있다거나 책에 관심을 가져본 적이 없었다. 초등학교 시절 방 한쪽에 벽돌색 표지인 아동 문학전집 50권이 있긴 있었다. 깨작깨작 넣었다 뺐다만 했지, 처음부터 끝까지 읽고 기억나는 것은 『알프스 소녀 하이디』가 전부였다. 고등학교 시절 문해력을 키우고 글을 잘 쓰려면 신문의 편집자 글을 읽으라 했었다. 하지만 유일하게 내가 신문을 펼칠 때는 손톱, 발톱을 깎을 때와 장작불을 땔 때 불쏘시개 용도뿐이었다. 든든한 부모님 아래 살 때는 덧셈과 뺄셈을 잘해서 칭찬 듣는 것이 창작의 글을 쓰는 것보다 훨씬 쉬웠던 나는 지극히 단세포였다.

내가 글을 쓰고 싶다는 생각을 한 것은 결혼 생활의 중반기부터였다. 고3과 재수 시절 가끔 일기를 썼지만 아마도 나의 계획과 다짐 정도라고 생각한다. 그것만으로도 생각을 정리하고 마음을 추스르는 데에 도움이 되는 경험을 했다. 펜을 사고 일기장을 산 것은 내가 가장 힘들 때 변호사를 찾아다니던 중이었다. 거미 잡아먹은 듯한 시꺼먼 속의 것들이 뇌를 거치면 깨끗한 글로 정제되어 누에 실처럼 뽑혀나왔다. 시작은 뭐, 속 시원하게 욕이라도 할 양으로 쓰지만 쓰다 보면 욕설이나 비속어들이 걸러졌다. 신기하게도 쓰고 나면 언제나 따뜻한 마음으로 채워진다. 이해의 폭이 넓어지고 용서가 쉬워지고, 대신 참회의 눈물로 채워졌었다. 글쓰기의 위력은 나의 결핍이 있을 때마다 펜을 잡게 한 이유고 동기였다.

위기를 극복해보려고 짬을 내어 기도원을 찾아갔고 한국에 와서도 며칠씩 기도원을 찾아갔었다. 성경의 여백마다 적은 느낀 점이며, 해야 할 일, 용서의 글, 참회의 글, 기도의 글들은 치유의 도구가 되었다.

요양원의 현금이 돌아가지 않을 때는 하루하루가 살얼음 위를 걷는 기분이었다. 도저히 몇 분도 안정을 갖지 못할 때 음악이 마음을 진정시킬 줄 알았다. 쿵쾅거리는 음악은 나를 더 짜증나게 했고 조용하고 감미로운 음악은 눈물이 나서 못 들었다. 다 나를 위해 만든 노래 같아서 들어

온 가사는 나가지 못하고 가슴속 우물에 소용돌이쳤다. 리듬에 맞춰 아름다운 소리를 내고 감정을 조절한 음악도 다 부서진 내 마음을 표현하지 못했다. 가끔 5분 뉴스를 듣는 것으로 세상 돌아감을 감 잡는 것이 전부였다. 유일하게 내 마음을 평정케 했던 것은 정태기 목사님의 마음 치유 강의였다. 대여섯 개의 테이프를 늘어지도록 반복해서 들으면서 위안받고 치유가 시작되었다. 좋은 말, 좋은 글은 무너져가는 사람을 일으켰고 살렸다.

안타깝게도 이런 일기를 쓰고 글을 쓰는 행위를 조롱하는 한마디에 위축이 되어 계속 쓰지 못했던 때가 있었다. 사람이 심약할 때는 별 뜻 없이 던진 말에도 상처받는다. 남편이 '초등학생의 일기' 쓰는 것에 빗대서 무심코 던진 말이 돌이 되어 내 머리를 때린 이후 일기라도 쓰고픈 기분을 모른 척했던 때의 나는 정말 황폐했었다.

그와 맞서서 의사소통을 하지 못하면 점점 힘주어 펜을 잡았고 위험을 피하려는 회피 방어기제로 글쓰기는 안전했다. 타인의 악의 있는 반응을 예상하고 단호하게 나의 감정을 표현할 수 있는 확고한 소신을 보여주지 못했다. 역으로 위축이 되고 오히려 그가 기분 상할 것들을 하지 않는 것이 그에게 사랑을 다하는 것이라고 여겼다. 나는 그의 신경을 거스르는 일을 하는 내가 못마땅했고 그에 따른 자괴감이 늘 목젖을 눌렀다.

성경 필사를 시작했다. 그 누가 시킨 일도 아니고 글을 잘 쓰기 위해서도 아니고 신앙심을 높이기 위해서도 아니었다. 3×3m 되는 사무실에서

뱅글뱅글, 왔다 갔다 걷기를 수십 번, 어쩌지를 못하고 애타게 할머니 할아버지들을 기다릴 때 앞에 놓인 성경을 펼치고 무작정 썼었다. 시간 죽이기의 필살기였다. 너무 괴로울 때 잠이 오지 않기도 하지만 반대로 그 모든 힘든 일을 잊기 위해 잠을 잘 수 있으면 잠을 잤다. 대낮에 사무실에서 잘 수 없으니 대신 쓴 거다. 처음엔 그야말로 한 구절 한 구절 베끼다시피 했다. 구약을 쓰면서 상상할 수 없을 정도로 안정이 되었었다. 그것이 계기가 되어 여행기도 한 권 통째로 쓸 수 있었던 것은 결핍에서 온 절실함이 있었던 것 같다. 버킷리스트 중 세계여행을 가는 것처럼 대리만족을 하며, 쓰는 동안 설레기도 했었다. 글을 쓰면서 조금씩 치유가 되고 나를 찾는 것 같았다.

작가 남인숙의 글쓰기 강의를 들으며 많은 도움을 받았는데 그중에 나오는 말들이다.

글쓰기는 치유의 행위라고 했다. 스트레스를 푸는 방법으로 글로 표현하면 고민이나 걱정이 줄어든다. 말로 표현하지 못하고 마음에만 가지고 있으면서 뇌 속에 간직하면 실제보다 확장되거나 과장되는 경우가 많다. 좀 더 객관적인 눈으로 글을 쓰다 보면 왜곡되었던 것들이 풀릴 수 있다. 또한 사람은 쓸 수 있는 감정을 더 잘 이해할 수 있고 자신을 잘 알게 한다고 했다. 그러니 해방감도 커지고 나를 위로할 수 있다. 내 감정을 정확히 표현할 수 있는 언어를 찾아낼 때 극도의 해소를 느낀다. 나에게 주는 딱 맞는 처방 같은 글을 만났을 때 느끼는 행복은 꼭 마술과 같다고 했다. 실제로 글을 쓰면서 경험했다.

한때 잠깐 시에 심취했었다. 내 마음을 때리는 시를 읽을 때는 소설을 읽을 때보다 시간이 더 오래 걸리기도 했다. 한 단어, 한 구절의 표현이 기가 막히도록 멋있어서 '와, 와우'를 연발 하고 감동하여서 도저히 후루룩 읽히지 않는다. 조지 오웰이 말한 글 쓰는 두 번째 이유로 꽤 몰입하며 치유의 시간을 음미했었다.

유튜브를 시작하고 얼마 안 되어 호주에 대한 정보를 한국인에게 알려주고 싶은 콘텐츠로 영어에 대한 것을 올린 적이 있다. 내가 올린 영상 중에 두 번째로 많은 뷰어(viewer)다. 호주에 오래 살수록 느끼는 안타까운 감정을 표현하느라 썸네일에 '영어가 안 되면 호주 오지 마'의 문장과 과한 표정을 담았다. 많은 사람이 '좋아요'도 했지만 제일 많은 악플도 달렸다. 처음 몇 개의 악플은 동영상을 채 보지도 않고 '네가 뭔데 오라 마라야', '너나 나가!'는 귀여워 웃고 넘어가는 축에 속한다. 대놓고 욕을 한 몇 개의 댓글은 불쾌해서 지웠다. 하지만 그도 그만두었다. 악플도 관심이고 각각의 소중한 의견들이다. 그중에 어떤 공손한 구독자 몇 명은 제안해왔다. 썸네일을 다시 올리는 것이 어떠냐고 했다. 하지만 난 바꾸지 않았고 이유는 그 썸네일이 콘텐츠를 썼던 그때의 내 감정을 너무도 잘 표현한 것이기 때문이다. 동영상은 시작하자마자 나의 정중한 사과와 함께 끝까지 불쾌한 언어나 감정은 없었으니 다른 것으로 대체하면 독자들이 나의 의도를 잘 읽을 수 없을 것이라고 생각되었다. 글을 쓰다 보면 특히 시를 쓸 때는 심지어 조사 '은, 는, 이, 가'의 바뀜이 주는 의미가 너무도 다른 것을 느낀다.

미학적인 묘미는 말 표현에도 있다. 얼마 전 친구가 힘들게 은퇴했다. 병원 원장과 부인이 우아하게 휘두르는 권력에 천사 같은 친구도 견디지 못하고 죽기 일보 직전 은퇴를 허락받았다. 은퇴 전 친구는 거의 반쪽이 되었고 말도 기어가는 지렁이같이 했었다. 그런데 은퇴 후 들려 온 친구의 전화 목소리는 '아기 숨' 같았다. 친구가 다른 단어로 이해하며 날 고쳐주려 했는데 못 하게 했다. 내가 느낀 감정은 두세 살배기 아이들이 신이 나서 말을 할 때 숨이 딸려 한 땀씩 숨을 들이켜는 귀여운 생동감을 느꼈기 때문이다. 좋은 요리사가 자신만이 쓰는 비법이 있어 어디서도 맛 볼 수 없는 요리를 만드는 것과 같다.

글을 쓰면서 엄청난 힐링이 일어나고 자존감도 되살아났다. 그뿐만 아니라 말의 도구로만 알았던 언어가 나의 감정과 생각들을 차곡차곡 정리도 해주었다. 이제 나를 일으키는 언어의 표현을 더 조심히, 매너 있게, 귀하게 다루고 싶은 애정이 솟는다.

감사 일기로 살아 있음을 증명하라

살면서 내 가슴속에서 우러나는 몇 번의 감사 일기를 쓴 일이 있다. 불행히도 행복했을 때가 아닌 불행할 뻔했는데 기적적으로 살아난 순간들이다. 반년에 한 번씩 교통사고를 냈을 때였다.

병원에 교육을 받으러 가는 데 늦어서 급히 건널목을 건너려고 했다. 한 차선을 건넜을 무렵 다른 쪽을 보려고 눈을 돌리는 사이 승용차가 내 팔꿈치를 치더니 급정거를 했다. 반 발자국만 더 나갔어도 나는 하늘로 날 뻔했던 순간이었다. 천운이 몇 번 겹치면서 원인과 결과들을 생각하게 되었고 나를 다시 살리는 데는 이유가 있을 거라고 생각했다. 무조건 감사했다.

"여기가 어디야? 왜 내가 여기 있어?"

"… 기억 안 나? 여긴 병원이야…."

위와 아랫도리의 파자마가 다른 것을 입고 조금은 익숙한 방의 침대 위에 앉아 있는 내가 보였다. 옆에는 남편이 서서 나를 지켜보고 있었다. 노란 전열등이 위에서 비추고는 있었지만, 밖에는 황혼이 살짝 드리우는 것을 보니 늦은 오후 정도 같았다. 다른 한쪽에는 누군가 벌써 마셨는지 커피 자국이 있는 커피잔이 있었고 빈 비스킷 봉투도 구겨져 있었다. 내가 마셨다고 기억이 나지 않으니 남편이 마셨을 것이다. 그런데 왜 내가 일했던 병원 침대 위에 있는지 이상한 일이었다. 이곳은 내가 7년 동안 밤 근무로 일을 했던 곳이었다. 이 수많은 병동과 병실을 올빼미처럼 누비고 다녔었다.

'이런 느낌이네! 침대 위에 환자로 있는 것이.' 좋지만은 않았다. 왜 하필…. 간단한 이유일 거다. 내가 사는 집에서 응급실이 있는 큰 병원으로는 제일 가까운 사립 병원이었다.

"오늘이 며칠이야? 무슨 요일?"

나는 기억을 더듬기 시작했다. 맞다! 어제가 토요일이었으니까. 엊저녁에 닭고기를 먹었고 밤에 침대에 들어가서 잤는데 그다음이 생각이 나지 않았다.

여느 일요일 아침이라면 남편보다 일찍 일어나 교회 갈 준비를 한다. 그런데 준비도 하지 않고 침대 옆에 서서 남편을 바라보았다고 했다.

"여보, 왜 그렇게 서 있어?(Why are you standing there?)"

"몰라!(I don't know!)"

"몰라?(Don't know?) 교회 안 가?(Won't you go to the church?)"

"몰라…!(Don't know!)"

처음에는 교회에 가고 싶지 않아 꾀병 부리는 줄 알았다고 했다. 그래서 내게 다시 자라고 했더니 아침 7시에 다시 잠을 잤다고 했다. 조금 자고 깨었는데 말도 없고 행동도 없는 나의 태도가 심상치 않아 딸을 불러 함께 티를 마시며 이리저리 날 테스트 했었단다.

그날이 마침 큰딸이 교환학생으로 말레이시아에 가서 1년 동안 공부를 마치고 돌아오는 날이었다. 오늘 무슨 큰일이 있냐고 물었는데 고개만 저었단다. 난 얘기를 듣고는 왜 가면 미국으로 가지 말레이시아에 갔느냐고 답을 했고, 남편과 딸은 무언가 잘못되어가고 있다고 확신했단다. 다행히 남편이 누구이고, 우리 집과 강아지까지 멀쩡히 알아보아 그나마 안심이었다고 했다. 남편은 순간 '치매도 전염되나?' 하고 의구심을 가졌다고 했다. 요양원을 시작한 지 5년째였고 남편은 이런 엉뚱하고 기이한 행동을 수없이 보았으니 그렇게 생각이 들었을 법도 했다. 그런데 자기 부인이 갑자기 닮은 모습이 되어 상당히 놀랐고 심장이 철렁했다고 했다. 날 데리고 주치의한테 갔는데 너무 갑작스러운 일이니 큰 병원의 응급실로 보냈다고 했다. 으레 치르는 기본 검사와 뇌 MRI를 찍고 일반 병실로 옮겨졌고 지금은 결과를 기다리고 있다고 했다. 일과성전체기억상실(Transient Global Amnesia: TGA)이라는 흔히 영화에 잘 나오는 사건의 소재인 단기 기억상실이었다.

나는 어젯밤 이후 오늘 병원 침대 위에 나를 발견할 때까지 전혀 기억이 없다. 앞의 얘기도 나중에 다 들은 얘기다. 나의 증상은 그야말로 요양원의 뭇 할머니랑 꼭 같이 물었던 말을 또 묻고, 다시 묻기를 2~3분마다 했단다.

"몇 시부터 이렇게 된 거야?"

"7시 반!"

나중엔 같은 대답을 해주기가 귀찮아서 바디랭귀지(body language)로 말 대신 손가락으로 남편이 이마를 짚으면 7시 반으로 알아들었다고 했다.

서서히 주변이 보이고 일련의 상황이 궁금해지기 시작하면서 기억 범위(memory span)가 늘어나고 있었다. 그러면서 희미하게 몇 개의 필름들이 생각이 날 듯했지만 아득했다. 저녁을 먹고 나니 남편은 딸을 마중하러 멜버른 공항으로 떠났다.

제일 먼저 목사님께 전화를 했다. 혹시 찾아오시지 않았느냐고. 목사님은 매주 오던 성도가 오지 않아 전화했더니 남편이 받아서 알았단다. 응급실로 방문하셨다고 했다. 어렴풋이 조금은 낯설기도 하신 분이 옆에서 나를 내려다본 장면이 생각이 났다. 역시 무언가 한 질문을 계속해서 물었다고 했다.

다른 기억의 조각은 응급실이었을 것이지만 장소는 모르는데 누군가 질문을 했고 나는 짜증스럽게 대답했던 것 같았다.

"당신 같은 의사 알레르기가 있다.(I'm allergic to the doctor like you.)" 오직 어렴풋한 대답만 생각났지만 무척 민망한 대답이었다. 보통 환자가 병원에 가면 만나는 의료진마다 환자 병력과 경위들을 물어본다. 보통 신입 간호사가 환자를 받으면 제일 먼저 병력을 조사해 오는 것이고, 의사도 만나자마자 같은 것을 묻는다. 처음에는 신중하게 대답하지만 같은 대답을 서너 번 하고 나면 슬슬 짜증이 난다. 다행히 응급실을 거치지 않으면 횟수는 줄어들지만 거쳤다 하면 곱하기 2만큼을 해야 한다. 내가 실제로 그 것들을 행한 간호사인데도 막상 환자의 입장에서 당하고 보니 엄청 짜증이 났었나 보다.

"알레르기 있습니까?(Do you have any allergies?)"에 대한 답으로 알레르기는 없다는 대답과 귀찮으니 그만 좀 물으라는 얘기를 짜증스럽게 전한 것이었다. 미안은 했지만 통쾌하기도 해서 픽픽 웃음이 나왔다. 이 자리를 빌려 잘 참아준 의료진들과 그동안에 나를 거쳐간 많은 환자들에게도 죄송함을 표하고 싶다.

단지 두 조각의 기억이 난다는 것만으로도 눈물이 앞을 가렸고 나에게 고마웠다. 마지막 정신 줄을 놓지 않고 붙들어준 내가 나를 알아볼 수 있어 흐르는 뜨거움이었다. 침대 옆 콘크리트 바닥에 무릎을 꿇었다. 끓어오르는 뜨거운 감사 기도를 올렸다. 그분의 뜻인지는 모르겠으나 다시 살려주셔서 고맙다고 백번 절을 하고 싶은 심정이었다.

어느 정도 사건의 윤곽을 잡을 즈음 큰딸이 돌아왔다. 애써 아닌 척했지만 나의 얘기를 들었을 딸의 눈은 벌게져 있었다. 여느 때와 달리 우리는 더욱 끌어당겨 부둥켜안고 울었다. 딸이 돌아오기 전 나의 기억이 돌아와 행여 못 알아볼 뻔한 일이 아닌 것이 얼마나 다행인지 모른다.

어서 빨리 일어나 요양원에 가고 싶었다. 난 이제 더욱더 할머니 할아버지들의 마음을 헤아릴 수 있었다. 어쩌면 노인들의 심정을 짐작이나 해보라는 계획된 체험 같아서 한층 그들과 한마음 같았다. 일기예보를 보지도 않고 할아버지들께 긴바지를 입히고, 속치마 없다고 겉치마를 두 개를 입히는, 생각 없이 일하는 직원들을 더욱 교육시킬 것이다. 기억 못한다고 조금이라도 무시하거나 한숨쉬며 창 밖을 보면 가만 두지 않을 것이다. 내가 안전하게 고고하게 어르신들을 지켜드리고 싶었다.

언젠가 딸이 친구들과 파티에서 술을 엄청나게 먹고 들어온 날이 있었다. 다음 날 일어나 냉장고의 음식들이 부엌 벤치 위에 너저분하게 즐비한 것을 보고는 스스로 놀랐다. 딸은 술을 먹고 새벽에 돌아왔는데 배가 고파서 보이는 것을 다 뒤져 먹었던 사실을 전혀 기억하지 못했다. 그런데 난 술도 먹지 않는데 8시간의 기억이 없다. 믿기지 않는 사실이었지만 되돌아온 것이 마치 다시 태어난 기분이었다. 어쩌면 내가 운영하는 요양원의 한 자리를 차지하고도 내가 누군지를 모르고 살아갈 뻔했다.

사람이 이렇게도 나약하고 한 치 앞을 모를 수 있다는 사실이, 그것이 나에게도 닥친 것이, 내가 아무것도 아닌 것이 무서웠다. 식구들에게 가장 고맙고 평생 미안할 뻔했다. 불확실한 미래였을 수도 있는 처연했던 오늘의 역사를 행복하게 마무리 지었다.

100번의 감사 일기를 쓰고 싶은 나의 마음은 벌써 풍년이다!

06   **매일매일 한 발자국씩 전진하라**

이지성 작가의 『꿈꾸는 다락방』 1권은 2007년 출판 이후 2권, 개정판을 찍을 정도로 초베스트셀러가 되었다. 누구나 가지고 있는 꿈을 꾸는 자들에게 꼭 필요하지만, 미처 몰랐던 방법을 제시해주어 꿈에 한 걸음 빨리 다가가게 해주었기 때문이다.

"생생하게 꿈꾸고 글로 적으면 현실이 된다."며 꿈이 현실이 되는 단순한 공식을 강조한다. 구체적인 꿈을 의식적으로 기록하면 무의식적 사고의 힘으로 발전된다. 매번 꿈을 쓰면서 사람은 몰입할 것이고 꿈이 이루어지는 이미지를 상상하고 흥분을 할 것이다. 곧 그 이미지는 반드시 현실이 된다는 설득력 있는 얘기다.

이미 이 기법으로 많은 성공담이 있다. 어떤 재벌이 된 사장은 큰 빌딩을 갖고 싶다고 매일 꿈을 종이에 100번을 썼으며 그 빌딩 주변을 돌았다고 했다. 그뿐인가. 개가 자기 영역 표시로 전봇대나 담벼락에 오줌을 싸듯이 그도 빌딩에 오줌을 누었다고 했다. 다행히 그는 짧은 기간에 그 오줌 싼 빌딩을 샀고 몇백 억의 부자가 되었다. 듣고 보면 간단한 논리지만 대부분의 이성을 가진 사람은 자꾸만 비현실적이라며 밀어내고 있다.

지금은 어느 하늘 아래 살고 있는지 모르는, 생각나는 중학교 친구가 있다. 작고 뚱뚱했고 그다지 깔끔한 편이 아니어서 늘 부스스했던 친구는 내 짝이었다. 다른 교과 과목은 관심이 없었는데 유난히 국어를 잘했고 글쓰기를 좋아했다. 늘 손바닥만한 스프링 노트를 들고 다니며 시상이 떠오른다고 적곤 했다. 중학교 때의 나는 시가 뭔지 어떻게 쓰는지도 몰랐고 관심 밖이었지만 그녀가 들려준 시 하나는 평생 내 머릿속에 박혀 있다. 어머니날에 쓴 시인데 상을 받았다.

엄마가 안 계신 하루
찬물에 손 담그고 밥을 해보니
엄마의 심정을 이제야 알겠다

와! 이 얼마나 근사한 시인가! 난 처음으로 언어의 배열이 이렇게 아름다워질 수 있고 사람의 심금을 울릴 수 있다는 걸 알았다. 그때 이후 친구의 괴상한 필기 행동은 나에게 '멋진 꿈꾸는 소녀'가 되었고 상을 받았으니 성공한 롤 모델이었다.

우리는 원하는 쪽으로 몸과 마음이 향하게 되어 있다.

내게는 속으로 오랫동안 간직한 꿈이 있었다. "캠핑카 타고 당신이랑 호주 한 바퀴 돌고 싶어!" 남편은 꿈같은 얘기로만 생각했는지 한 번도 그러자는 둥 말자는 둥의 대답은 하지 않았다. 난 여행을 좋아했지만, 남편이 별로 좋아하지 않아 아득한 꿈으로만 남아 있었다.

그러다 이혼해서 홀로되고 제일 먼저 결정한 것은 내 삶의 스타일이었다. 노마드로 살기로 했다. 노마드의 사전적 의미는 특정한 가치와 삶의 방식에 얽매이지 않고 끊임없이 자기 자신을 바꾸며 창조적으로 사는 인간형이라고 되어 있다. 라틴어로는 유목민이다. 딱 집시의 삶을 선택한 것이다. 그러니 내가 거처할 집은 절대로 사지 않을 것이며 장기간의 멈춤이 생기더라도 월세로 살기로 했다. 다시 말해 안식을 주는 집이라는 개념을 내 남은 인생에서 달리 생각하기로 했다.

호주 한 바퀴와 세계여행으로 나의 꿈은 업그레이드되었다. 이미 남이 된 남편과는 이제 조율할 필요가 없다. 꿈은 함께 가는 것이었지만 혼자라서 어쩌면 더 빨리 꿈은 생생해졌고 구체적인 현실이 되었다. 꿈의 계획을 당길 수 있게 온전히 집중하기로 했다.

황혼이혼 후 너덜너덜해진 심장을 부여잡고 허둥지둥 대충의 것들만 챙겨 차박(car camping)을 시작했다. 홀로서기를 다지기 위한 예행연습을 넉 달 동안 했다. 용기를 얻고 멜버른으로 돌아와 딸들과 동생에게 작별 인사를 하고 노마드의 삶을 시작하려고 했다. 그런데 2019년 1월 코로나바이러스가 발병했고 편도 일본행 티켓을 취소해야 했다.

꿈을 실천하기에 너무나도 많은 장애들이 생겼다. 자유로운 이동이 불가능해졌다. 아이들이 집을 얻어 안정하기를 권유했지만 나는 안다. 월세를 주고 살게 되면 꿈은 없어진다. 월세로 나의 여행 숙소 값을 대체할 수 있다고 믿었다. 양쪽으로 이분할 돈의 여유는 없었다. 다른 유혹은 큰딸이 아기를 낳았고 내가 도와야 했다. 차라리 코로나로 어디든 갈 수 없는 상황에서 태어난 손주와 아픈 딸을 도울 수 있어서 다행이었다. 딸 집 근처 에어비앤비(Airbnb)에 한 달씩 옮겨 다니며 늘 마음속으로는 안주하지 않으려고 애를 썼다. 꿈을 이루기 위해 여러 방법들을 구상하다가 일단 호주 한 바퀴를 돌기로 했다.

"캠핑카 타고 홀로 호주 한 바퀴를 돈다!"

'당신이랑'이 '홀로'로 바뀐 나의 꿈은 진행형이다. 예전에 남편에게 듣지 못했던 답변을 내가 대신 했다.

마음과 생각은 벌써 준비에 분주하고 행복해졌다. 매일 보이는 풍경의 이미지와 신선한 자연의 냄새, 파도가 일렁이는 바다 생각에 흥분했다. 흔히들 여행 준비를 힘겨워하는 사람들이 있다. 하지만 난 여행을 계획하고 준비하는 동안 설레고 흥분하고 기분 좋을 만큼의 두려움을 즐긴다. 인터뷰 직전의 떨림, 시험 성적의 발표 직전과는 완전히 다른 색깔의 느낌이 꿈의 목전에서 최고조로 된다. 이 엄청난 카타르시스는 전체 여행 중 최고가 아닐까 한다.

수많은 날들을 인터넷을 뒤지고 기다려서 3.5톤을 적재할 수 있는 중고 밴을 샀다. 원하는 대로 내가 디자인하고 딸의 친구에게 캠핑카로 개조를 맡겼다. 몇 년 동안 꿈을 그리며 그려놓았던 설계대로 만들기를 원했지만 코로나 시국에 빡빡한 거리두기로 옆에서 지켜보지 못해서 참으로 안타까웠다. 서너 달이 되어 완성된 캠핑카가 도착했다. 멋지게 모터홈이 되어 실제로 눈앞에 보고도 믿기지 않았다. 하지만 자세히 보니 허접한 부분들이 있었다. 캠핑카의 부분부분을 만들어 보았다는 열정이 넘치는 딸의 친구인 목수가 맡은 첫 작품이다. 헤밍웨이가 말하지 않았던가. "모든 초고는 걸레다." 이 말은 비단 책에만 통하는 것이 아니다. 온갖 수고와 노력에도 빈틈은 있게 마련이다. 심혈을 기울여 만든 캠핑카 첫 작품을 만든 젊은 청춘 20대 중반의 거친 목수는 '집은 고쳐가며 사는 것'이라고 오히려 나에게 훈수를 두었다. 돈을 아끼려고 스스로 커튼 만들기도 처음 해보았다. 침대 매트리스를 잘라 쿠션을 만들고 짐을 정리해서 서랍들을 채웠다. 밴 안에 쓸 수 있는 두 평 남짓한 공간 안에 침대며 옷장, 책장, 선반장, 부엌, 화장실 겸 샤워장, 침대 밑에 재산 목록 2호 자전거까지 다 들어 있다. 당연히 캠핑카가 재산 1호가 되었다. 그뿐인가. 온수에 히터, 태양광, 배터리에 주행 충전기, 청수 110리터까지 나름 집 같은 캠핑카를 만든 것이었다. 꿈에 그리던 굴러가는 집(home on wheels/motor home)의 주인이 되었다. 이혼 후 혼자서 한 첫 번째 '거처 정하기'의 프로젝트였다.

호주의 땅은 정말 크다. 최근 세계적인 관광지로 주목받는 호주 동남쪽에 떨어진 작은 섬인 태즈메이니아가 그림으로 보면 한국 크기와 비슷하다. 호주는 한반도의 35배이고 인구는 한국 5천만 명의 절반인 2,500만 명이다.

나는 숫자로는 상상하기 힘들 것이니 직접 가기로 하고 먼저 안 가본 서호주로 정했다. 2020년 4월에 시작한 여행은 총 7개월, 캠핑카는 너끈히 14,000km를 뛰고 홀로 호주 반 바퀴 대장정을 마쳤다. 다음해 동호주까지 5개월 동안 10,000km까지 그 너른 땅을 건너 멜버른에 입성할 때의 마음은 터지는 줄 알았다. 나폴레옹이 전쟁을 마치고 승리의 장군이 되어 개선문을 통과하듯 나는 멜버른 시내로 들어가는 관문인 웨스트게이트 브릿지(west gate bridge)를 건넜다. 승리의 기쁨, 성취감의 황홀, 무사 귀환의 안도 등으로 운전대가 부서져라 부여잡고, 함성이 나오더니 눈물이 앞을 가렸다. 아무도 보지 않고 알아주지 않아도 나의 등을 두드리며 잘했노라 축하하며 스스로 자랑스러워했다.

'꿈을 매일 기록하라'는 말은 매일 생각하고 이루어질 수 있도록 '계획을 세우고 실행하라'는 뒤의 말이 생략되었다. 무슨 꿈이든 직접 손을 대어야 한다. 그러면 다음 날은 한 발자국 더 전진할 수 있다. 사실 나도 세계여행을 생각만 하고 찾아보고, 뒤져보고 자료 수집만 한 지 몇 년째였다. 그래도 일은 일어나지 않았었다. 일은 내가 차를 사러 간 날에 일어났다. 지나온 굵직한 경험들을 짚어보면 모두 일을 저지르고 나면 일은 커졌다. 상황이 급하게 전개가 되고 정신없이 대처하다 보면 어느새 꿈은 진행되고 있다. 또한 기록을 하다 보면 지나칠 어떤 기회라도 잡을 수 있다. 기록은 내게 켜진 안테나 망에 잡히는 모든 기회를 잡는 진드기 같은 행위다. 그리고 잡은 기회에 올라타면 일은 시작된다. 꿈의 플랫폼에 들어서야 앞이 보인다는 것을 기억하자.

Happiness MAP

6장

행복을
끌어당길
인간 자석이
되라

01   나눔의 행복을 느껴라

디팩 초프라(Deepak Chopra)의 『성공을 부르는 일곱 가지 영적 법칙』에 베풂의 법칙이 있다. "우리가 얻으려는 것을 기꺼이 주려 할 때, 우주의 풍요로움이 우리의 삶에서 계속 순환하게 됩니다." 나에게 되돌려 받으려는 의도 없이 나누는 행위는 받는 사람을 행복하게 한다.

학창 시절에 사회적으로 커다란 선한 영향을 끼쳤고 나에게도 신선한 충격을 준 사람이 있었다. 청량리의 노숙자들과 노인분들에게 한 끼 밥을 해결해주는 '밥 퍼'의 최일도 목사님의 선한 행동이었다. 다큐멘터리 영화 〈울지 마 톤즈〉의 주인공, 평생 슈바이처처럼 베풂의 삶을 산 故 이태석 신부님의 이야기를 보고 정말 많이 울었다. 최근 그가 뿌린 씨앗 하

나가 한국에서 의사가 되어 본국 남수단으로 돌아가 더 많은 씨를 뿌릴 준비를 하는 것을 미디어를 통해 보았다. 악이 순환하는 것보다 나눔과 베품이 있는 선순환의 영향력이 더 많은 건강한 사회가 존재해서 참으로 다행이다.

아버지께서 위중하여서 한 달 동안 한국에 방문했다. 아버지는 나이 사십이 갓 넘어 생긴 급성간염이 만성이 되어 30년을 넘게 잘 유지하셨다. 아무리 잘 관리를 하셨어도 나이가 드시면서 간염은 간경화로 발전하면서 급기야는 요양원에 모셨다. 호주로 돌아오기 전 동생 식구들과 들린 서울의 한 대형 교회에 함께 참석했다. 그때가 부활절 주기였는데 교인들에게 초록색 플라스틱 저금통을 나눠주었다. 다 채워지면 어디다 쓸 건지 가져오라고 하셨다.

호주로 돌아오고 요양원의 힘든 일상은 다시 시작되었다. 가져온 저금통에 돈을 넣고 작고 긴 하얀 포스트잇에 한 줄의 기도를 써서 함께 넣었다. '할머니 할아버지에게 힘을 주세요.', '할머니 할아버지들을 보내주세요. 병실이 텅텅 비었어요.', '남편과 좋은 사이를 만들어주세요.' 등의 간절한 기도 드림이 이루어지길 바라면서 저금통을 채웠다. 혹은 이미 다 이루어져서 감사한 마음으로 감사 기도 하듯이.

다 찬 저금통을 한국으로 보낼 순 없으니 내가 다니는 교회 목사님께 드렸다. 그가 더욱 도움의 손길이 필요한 곳을 잘 알 터이니. 그런데 다음 주말 목사님이 다른 교회의 성도를 도와드려도 되냐고 하셨고 나는 승낙했다.

"원장님을 꼭 찾아뵈어야겠다고 해서 데리고 왔어요." 하며 몇 안 되는 한국 노인분들 중 한 할머니의 며느리가 한 여자를 데리고 왔다. 중년의 한국 여자는 가냘프고 예쁘장했다. 웃는 눈웃음이 더 매력이 있었다. 며느리와는 사촌지간으로 다시 한 번 세상이 좁다는 것을 실감했다. A는 저금통의 수혜자였다. 한국에서 남편과 이혼하고 사촌이 있는 호주에 딸 하나 둘러메고 살아보겠다고 왔다. 가지고 있는 기술, 마사지사로 그럭저럭 살고 있는데 얄궂은 인생은 A 편이 아니었다. 유방암 말기 판정을 받았다. 문제는 딸아이 유학을 시키며 보호자 비자로 있었지만 딸이 성인이 되면서 엄마는 되돌아가야 했지만 가지 못한 불법 체류자였다. 딱히 돌아간다 한들 한국에서도 막막했던 것 같다. 의료보험 혜택이 없어 모든 병원과 치료비, 약값이 어마어마하게 비싼 것이다. 다행히 한 호주 할아버지께서 A와 딸의 인권을 위해 백방으로 영주권을 받게 해주려고 노력을 한다 했다. 그러다가 나의 저금통을 받았다.

"돈도 고맙지만 작은 기도문들이 절 울리고 감동하게 했습니다." 하고 기도문에서 읽힌 간절함이 꼭 자기와 닮은 동병상련의 감정이었는지 나를 안아주었다.

"원장님은 저에게 선한 롤 모델이 되셨어요. 저보다 못한 이를 위해 저금을 하려고 저도 저금통을 샀어요." 그리고 내가 쓴 작은 포스트잇을 스티키 테이프로 붙여서 이제는 긴 기도문으로 간직한다고 했다. 너무 감사했고 행복했다. 이 작은 나눔이 행복을 나눈 것으로도 기분 좋은 일일 터인데 나에게까지 부메랑으로 돌아왔다. A는 노인분들 '동무해주기'의 자원봉사를 했고 나는 빈방 한 개를 치워 그녀의 마사지 숍을 열게 했다. 내가 1번 고객으로 누웠고 용돈이 넉넉한 할머니들을 물어다 주면서 친구가 되었다.

그러던 A에게 드디어 좋은 날이 돌아왔다. 도움을 주시는 할아버지와 많은 사람들의 노력으로 난민 비자 신청이 받아들여졌다. 그들은 '그 종이쪽지 한 장'이 뭐라고 그렇게 마음 졸이고 살았는지 회의를 느끼면서도 믿어지지 않았는지 방바닥에 대자로 누워 온 우주를 끌어안았다. 하지만 너무 짧았다. A가 비자 획득으로 누렸던 '호스피스 병원'마저도 일주일을 넘기지 못하고 딸 곁을 떠났다.

"저희 이모가 돌아가셨는데 제가 유산을 물려받게 생겼어요. 그러면 원장님께 만 달러를 드리겠습니다."

"네? 왜요? 저에게요…?"

혹시 따님도 치매 환자이신가? 하며 한참을 어리둥절했다. 일주일에 한 번씩 중치매 병동에 계신 할머니의 딸이 찾아와 생뚱맞은 소리를 하셨다. 따님의 어머님은 치매가 심하여 말도 못 하시고 기저귀도 차시고 음식도 도움이 필요하셨다. 늘 엄마를 시설에 맡기는 것 때문에 죄책감을 느끼는지 정기적으로 찾아와 엄마의 눈빛과 행동으로 교감을 하시는 효녀다. 최근에는 엄마의 눈빛이 다르다면서 이젠 딸도 못 알아보시고 맞이하고 싶지 않은 날이 가까워짐을 직감하셨다. 몇 년을 한결같은 방문으로 우리는 각별한 사이가 되었긴 했지만, 유산을 나눌 사이는 아닌데 긴가민가했다. 그런데 조건이 있다고 했다. 절대로 요양원을 위해 쓰지 말며 치매연구협회에도 자기가 할 것이니 나는 기부하지 말 것이며 남편도 주지 말고 오직 나를 위해 쓰라는 것이다. 가슴이 찡했다. 그동안 내가 동분서주하며 뛰어다니는 것을 지켜보고 언니같이 챙겨주는 말이 더욱 살가웠다.

남편에게 얘기했더니 그러한 신뢰를 쌓은 나를 칭찬했고 말만으로도 감사함을 느끼자며 재밌는 해프닝으로 돌렸다. 하지만 두 달 후 딸의 이모 집은 팔렸고 유산을 받았다며 버젓이 만 불짜리 가계 체크를 내게 건넸다. 설마가 진짜가 되었다. 오줌을 지릴 뻔했다. '정말 치매 아냐?' 속으로 되뇌이며 면밀히 그녀의 행동을 주시했다. 70을 넘긴 사람이, 당신 노후도 있을 건데…. 멋진 여자는 이렇게 돈을 쓰는구나 하고 감탄했다.

아무리 날 위해 쓰라 했지만, 함께 알고 있는 분이 주신 돈이고 요양원 운영은 나만큼이나 힘들었을 남편과 공유하고 싶었다. 하지만 남편도 그분의 주신 목적대로 쓰는 것이 맞는다며 전적으로 내가 하고픈 대로 하라고 했다. 고마웠다. 이 모든 베풂과 나눔, 사려 깊음이 모두 모아져 나의 마음을 흔들어댔다.

반절은 저금통 친구의 치료비로 쓰겠다고 했더니 그것 또한 주신 분의 의도가 있으니 우리 돈으로 도와주자고 했다. 10%는 십일조를 냈고 30%는 교회 청년 모임 회비로 주고 나니 내게 딱 천 불이 떨어졌다. 정말 큰 이유가 아니고는 못 살 드레스를 사고 나머지는 맛있는 횟거리를 사서 온 식구가 맛있게 먹었다. 돈을 준 딸에게는 어떻게 돈을 썼는지는 알리지 않았다. 행여 당신이 원했던 의도가 아니었다고 생각하면 그것 또한 서운할 수가 있으니까 말이다.

내가 나눔을 배우고 실천하기 시작한 때는 요양원을 하며 다른 인종의 많은 사람들을 만나면서였다. 더하여 크리스천이 되면서는 직접 체험하면서 나눔이 주는 기쁨을 깨달았다. 난 넉넉하게 자라지 않았고 어릴 때는 다 같이 못 살아서인지 주변에서, 집안에서 기부하는 것을 볼 수 있는 경우가 없었다. 내 배가 불러도 늘 뭔가 허전한 느낌은 나누면서 만족으로 채워지기 시작했다. 내게 따뜻하게 베풀어주시는 사람들에게 감동을 하며 나의 이기적인 마음은 조금씩 이타적으로 변하고 있었다. 이 뿌듯함이 곧 행복이다.

목적이 이끄는 삶이 행복하다

나는 한 달이 넘도록 도서관에서 각 잡고 책을 쓰고 있다. 마침 1월이라 학년이 끝나고 겨울 방학이 시작되었다. 주변에 온통 학생들이고 더러는 취업을 준비하는 사람들을 매일 만난다. 아침마다 점심 도시락과 물병, 커피 병, 간식거리가 노트북보다 더 무거울 만큼 들고 가서 저녁 때에 돌아오는 나를 보고 엄마는 고3 수험생 같다, 고시생 같다고 말씀하신다.

글을 써서 책을 낸다는 목적이 이끄는 지금의 나의 삶은 고등학교 때보다 더 열심이다. 신체적 제한을 느껴도 그때보다 훨씬 행복하다. 젊었을 때는 본드를 붙여놓은 것같이 종일 앉아 있어도 어디 불편한 곳이 없었다. 하지만 지금은 다르다. 한쪽의 고관절과 엉덩이뼈가 아파서 오래 앉아 있기가 힘들다. 무게가 덜 실리게 하려고 이리저리 앉는 자세를 고쳐주고 다리를 폈다 오므렸다 하면서 저녁 때까지 견디고 있다. 그래도 글쓰기를 멈출 수 없을 정도로 행복하기에 무리라고 생각하지 않는다. 새삼 이렇게 열심히 살던 때가 언제였는지 모를 만큼 기분 좋은 고통이다. 욕창 방지용으로 치질 방석도 가지고 다니지만 부끄럽지 않다. 도서관의 분위기는 최고의 세트장이다. 서로가 각자의 자리에서 내뿜는 에너지가 마치 시너지를 내어 내 머릿속 두뇌를 회전시키는 것 같았다. 오랜만에 몰입을 느꼈다.

행복이라는 것은 원하는 것을 성취해야 하고 성공해야만 얻어지는 것으로 생각하는 사람들이 많다. 하지만 결과를 향한 질주보다 그걸 얻기 위해 노력을 거듭하는 과정에 있다는 것을 놓치는 사람들이 많다.

심리학적 의미의 몰입이란, 자의식이 사라질 만큼 어느 것에 심취한 것을 뜻한다고 긍정심리학자인 미하이 칙센트미하이(Mihaly Csikszentmihaly)가 말했다. 그는 몰입을 머릿속의 생각과 목표, 행동 등 모든 정신이 하나로 통일되는 상태, 즉 무아지경의 경지에 빠지는 상태라고 했다. 지난 6주 동안에 내가 가진 정신적인 역량을 책 쓰기라는 몰입의 대상에 100% 쏟아붓고 있다. 뇌 안의 잠자던 도파민이 깨어나면서 창작의 능력과 불타는 의욕이 치솟고 미치도록 달리고 싶은 쾌감을 경험하고 있다. 신비로운 발견이다.

　나의 버킷리스트 중의 하나가 세계여행인데 캠핑카로 호주 한 바퀴부
터 시작했다. 이 꿈을 이루기 위한 여정은 설렘과 기분 좋은 떨림이 주는
두려움조차 흥분하게 했다. 그렇다고 준비하는 과정 내내 평탄했다는 말
이 아니다. 가려고 했던 세계여행을 갑작스러운 코로나로 인해 접어야
했던 막막한 때도 있었다. 이혼 후 당장 월세를 얻어서 주저앉아야 하는
것이 더 현실적이라는 생각에 또 한 번, 절대로 해낼 수 없을지도 모른다
는 절망을 한 때도 있었다. 하지만 될 수 있는 방법을 찾으면서 길이 생
겼고 다시 희망이 있는 행복으로 이어졌다.

　인생이란 기나긴 여정 속에서 즐거움을 느낄 수 있다는 것을 아는 사
람은 행복에 대한 막연한 환상이 없다. 지금, 이 순간에 충실하기 때문이
다.

　중고차를 사는 일부터 '이거 내가 잘하고 있나.'라는 두려움은 언제나
들어올 틈을 보고 있는 것 같았다. 그러나 순간의 결정은 결국 나의 도전
으로 이어졌고 시작하면서는 기분 좋은 막막함과 희열을 동시에 느꼈다.

　1년 동안 호주 대장정을 마친 성취감은 세상에 부러운 것이 없었다. 달
나라를 간 것도 아니고 세계여행을 몇 년씩 한 것도 아닌데도 마치 콜럼
버스가 미 대륙을 발견할 때와 같은 기분이었을 호주 대륙을 정복한 것
이었다. 하루하루가 꿈을 먹는 밴 라이프 생활을 할 수 있었다. 만만치
않은 캠핑카 여행을 중년의 여자 혼자, 그것도 조그만 동양 여자가 큰 밴

을 끌고 호주를 돌았다는 사실은 내 생애 아기 낳은 것 다음의 성공작이다. 성공을 해보니 넘치는 자신감으로 더 쉽게 도전을 할 수 있는 배짱이 커졌다. 문제 해결하는 능력과 응용력은 실력이 되었고 작은 문제들은 긴 여행의 지루함을 이기는 게임이라 생각되었다.

산티아고 800km, 40일 순례길을 마치고 돌아온 후 내게 큰 변화가 있었다. 걷는 것에 막막함이나 먼 거리라고 생각되는 길이 없었다. 5km 이하는 무조건 걸었고 그 이상은 자전거로 갔다. 큰 장을 봐야 하는 때에만 차를 이용했다. 불끈불끈 멜버른 한 바퀴를 돌고 싶어 거리를 찾아보고 빅토리아 주를 며칠씩 걸어볼 욕심들이 생기는 자신감과 도전을 한동안 가졌었다. 마찬가지로 캠핑카로 호주 한 바퀴를 돌아보니 그 넓디넓게 보였던 호주가 작아 보였다. 새장에 갇힌 답답함을 느꼈다.

첫 7개월의 서호주는 그야말로 신대륙처럼 동호주와 많이 달랐다. 우선 큰 땅덩어리에 압도되었다. 가도 가도 끝이 없는 땅의 존재보다 손바닥만한 크기의 작은 한국, 그것도 반절의 땅에서 산 설움이 밀려왔다. 부러움과 질투가 생기는 것은 한국 사람이 호주에 오면 느끼는 첫 번째 감정이다. 그곳의 만물은 문명이 거의 닿지 않은 별나라 같았고 신비로웠고 장대한 자연에 인간의 미미한 존재를 발견하게 했다. 이듬해 5개월 동안의 동호주는 아주 익숙했다. 동쪽에 살면서 주로 위로, 아래로 갈 여행이 많았고 인구도 많아 발달의 형태와 모양들은 크기만 다를 뿐 여느 타운, 시내와 비슷하였다. 미지에 대한 두려움도 덜했고 마음도 한결 편했다. 서호주 여행 때 준비했던 위성 휴대전화(satelite phone)도 필요 없었다. 물론 남쪽에서 북쪽까지 종단의 목표를 달성하는 것은 흥분되는 일이었지만 설렘과 흥분은 훨씬 덜했다. 그래서 계획보다 일찍 마친 이유도 되었다.

장기 계획을 세운 세계여행이기에 체감할 수 있는 행복감이 항상 고조되어 있기를 기대하지는 않는다. 좋은 것도 시간이 지나면 조금씩 식상해지는 일상이 될 수 있다. 꿈 같은 세계여행의 목적을 달성하고 오래 이끌기 위해 건강을 유지해야 한다. 체력 안배가 필요할 때는 몇 달씩 식구들과 친구들을 만나 더욱 안정된 행복을 맛본다. 미래에만 집중하다가 현재, 지금만이 맛볼 수 있는 행복을 놓칠 수도 있다.

목적이 이끄는 행복한 삶은 지금부터 시작이다.

03   그 누구도 행복을 빼앗길 이유는 없다

"우리 모두의 감정은 소중한 것이며 존중받아야 한다. 감정은 마음의 기본권이다. 마음의 상태를 나타내는 가장 중요하고 핵심적인 지표다. 이는 누구도 신체적 학대를 받지 않아야 하는 것과 같다. 눈에 보이지 않는 마음의 문제라고 해서 절대로 소홀히 여겨져서는 안 된다."라고 임상 심리학자 노주선은 말한다. 가까울수록 상대방의 감정을 인지하고 존중하고 관리하는 것은 쉬울 것 같지만 어렵다. 친한 친구나 식구들은 자칫하면 다 이해해줄 것이라고 단정해버리고 맘대로 억압하거나 소홀하기도 하고 업신여기기를 죄의식 없이 행한다. 명확한 정서적, 감정 학대다.

결혼 생활 중 가장 힘든 점이 내가 목소리를 잃고 내 생각과 의견을 갈등이 두려워 회피했던 점이다. 문제는 나의 감정들이 존중받지 못한 것을 알면서도 어쩔 수 없는 무력감에 빠졌다는 것이다. 당당하지 못한 나 자신에게 화가 나니 자괴감에 빠지게 되고 자신을 학대하는 것이 못 견디게 슬펐다.

이는 물론 나의 성장 배경이나 환경과의 상호작용 속에서 감정을 적절히 존중받지 못한 상처가 많은데 원인이 있을 것이라고 나의 심리치료사가 말했었다. 일찍이 감지는 했었고 치유를 해야 했지만, 나의 치부를 드러내는 것 같았다. 감정을 존중받지 못하는 패턴이 지속되고 내재화됨으로써 내적인 마음의 고통이 이기지 못해 신체적 증상으로까지 나타났다. 심리적으로 주는 폭력과 감정적 손상을 주는 행위에 너무 많이 노출되었다. 멈추어야 함에도 그 감정의 중요성과 감정을 존중해야 하는 필요에 대한 인식이나 실제적인 노력은 부족했다.

나의 성장 과정을 짚어보면 엄하고 가부장적인 아버지와 돈벌이 이외에 여덟 식구의 모든 것을 책임져야 했던 어머니 밑에서 자랐다. 중하 정도의 사회경제(socio-economic level)수준의 가정이었다. 6남매의 의견은 별로 중요하지 않고 존중이라는 단어는 커서 알았다. 엄마 아빠, 할머니 할아버지, 이웃집의 타인들에게 예의를 다하면 되는 줄 알았다. 그곳에 내가 존중받을 권리는 없었고 해야 하는 의무만 알았다. 그 시절에 내가 아는 한 주변의 많은 집의 사정이 비슷했다.

"나 어릴 적에 언니, 오빠, 나, 동생이 나란히 누워서 서로 머리를 쓰다듬던 생각이 나."

"… 어머! 진짜로?"

"아버지가 참 자상하셨거든…. 부모님이 싸우는 걸 못 봤어."

딴 나라, 외국 사람들이 왕자나 공주들을 다루는 듯한 일이 나와 같은 동시대에, 그것도 시골 철원 친구의 집에서 일어났다는 말이다. 믿기지 않는 이 낯선 풍경이 잘 그려지지 않았다. 아무리 우리 엄마 아버지의 형상으로 그리려 해도 오버랩(overlap)이 잘 안 되었다. 그렇게 화목한 가정이 내 주변에 있었다는 것이 신기하기도 했지만, 너무도 부러웠다. 이미 고인이 되신 아버지가 보고 싶은 적이 없던 난 왜 그런지 생각해보았다. 아버지와 풀지 못한 한이 아직도 남아서 그랬으리라…. 마음이 스산했다. 친구의 아름다운 동화 같은 얘기에 맞장구치며 대응할 만큼 기억나는 얘기가 없었다. 그 부끄럽고 미치도록 부러웠던 감정은 원망으로 바뀌었다. 노모를 간호하러 와서 탓을 한들 무슨 소용이 있겠냐마는 그날 엄마 보기가 무척 힘이 들었다. 엄마도 나와 같은 희생자일 텐데도…. 나의 시선은 곱지 않았다.

부모님들의 잘못은 아니라고 생각한다. 배움이 짧았고 욕심은 있으나 어떻게 적용하여 삶의 지혜를 얻을지를 노력하지 않았다. 자신들의 어리석음을 성찰해야 하는지도 몰랐고 자식들은 끔찍하게 소중했지만 어떻게 각각의 개체로 존중할지를 모르셨다. 그렇다고 해서 나의 밋밋한 가

정환경과 치열했던 학창 시절에 극진하게 존중받은 경험이 없다고 해도 나에게서 행복을 가져갈 수 없다.

나의 불행을 내 세대에서 끝내고 싶었다. 그러려면 나의 뇌를 정상화하는 노력을 해야 했다. 뇌 가소성을 주장하는 연구들이 나오기 시작하면서 신경과학자들은 성인의 두뇌도 변한다고 말한다. 대학 때부터 속박과 희생으로부터의 탈출은 탈선으로 치닫지 않도록 잘 통제했다. 나를 찾기에 힘을 다했고 내가 기억하는 나쁜 것들은 몽땅 다 반면교사로 삼으려 애를 썼다. 아이들의 양육에서 대부분은 부모가 어떻게 키우느냐에 따라 아이들의 몸과 정신이 올바르고 건강하다고 생각한다. 고정관념(stereotype)이나 통념(social norms) 속에 아이를 틀에 넣지 않고 자유로운 영혼, 아이의 내면이 크도록 도와주고 싶었다. 부모라는 이유로 아이들의 행복을 빼앗을 이유가 없다.

큰 딸아이가 한 살 반이 되었을 때다. 알고 있는 육아 지식으로 대소변을 가릴 나이였다. 아기 변기(baby pot)에 몇 번 데리고 갔다가 어느 날 실수했던 아기에게 '맴매' 하며 엉덩이를 때렸다. 그러자 아기는 몸을 웅크리고 머리는 푹 수그리며 눈은 나를 살피려 흘기면서 두려워 떨고 있었다. 순간 어디선가 보았던 모습과 똑같은 행동을 하는 나를 발견하고 소스라치게 놀랐다. 아무런 이론과 지혜로운 전략(strategis) 없이 그냥 결과에 대한 응징을 한 것이었다. 더 놀란 것은 그 누구도 나에게 가르친 것은 아니었지만 상황에 따른 대응 방식을 무의식에 배웠다는 것이다.

아이를 부둥켜안아주고 혹시라도 기억할까 봐 빛의 속도로 아이의 관심을 다른 데로 돌렸다. 많은 사람들이 다 한다고 나의 지각과 이성으로 잘못이라 생각되는 일은 하지 않기로 했다. 먼저 아이에게 충분한 사전 준비와 반응을 지켜보며 함께 할 수 있는 연상 효과 방법들을 먼저 해야 한다는 생각이 들었다. 어리석은 엄마 노릇이 아이에게 얼마나 큰 충격이고 두려움을 줄 수 있는지를 감지했다. 큰딸의 그때 모습과 눈빛은 한 세대가 지난 지금도 잊을 수가 없다. 큰딸이 자라 그녀의 세 살이 다 된 아들은 아직 기저귀를 차고 있다. 화장실 가는 것을 무서워하고 있다. 나는 절대로 강요하지 말라고 당부했다. 이 스토리를 아는 딸에게 아마 유전일지 모르니 진득하게 기다리자고 농담으로 얘기한다.

사람들은 심지어 가까운 사람마저도 헤어진 현상, 결과만 보고 안타까워한다. 별거 후 며칠이 지나지 않아 난 '내가 황혼이혼을 하는 4가지 이유'라는 제목으로 내 유튜브 채널에 업로딩을 했다. 이혼했다고 숨고 싶지 않아서였다. 이혼한 이유가 나의 표현을 못 하고 살았던 것인데, 지금부터라도 예전의 나로 살지 않기 위해서는 나의 정체성을 바로 하고 싶었다. 더 비참하지 않기 위해 떳떳하기로 했다. 이혼이든, 황혼이혼이든 솔직함이 가장 나답다고 생각했기 때문이다.

엄마는 이것이 세상에 공표할 일이냐고 혀를 끌끌 찼다. 나는 창피하지 않은데 엄마며 주위 사람들이 더 창피해하는 것 같았다. 이혼에 대한 편견과 곱지 않은 시선들을 느낀다. 걱정을 위장한 비판일 수도 있다. 사람들은 의외로 이혼한 사람에게 존중하는 관대함이 덜하다. 언급조차 하지 않는 것은 배려라기보다 무관심이거나 예민한 상황에 대한 불편함 때문일 것이다.

이혼은 자랑도 아니지만 숨길 만한 잘못도 아니다. 그냥 나의 이력이 된 것뿐이다. Mrs에서 Miss가 아닌 Ms라는 다른 류(category)로 선택할 수 있다. 므스(Ms)는 미세스나 미스로 불리는 것이 싫은 사람이 선택하는 다른 부류인 것이다. 그렇다고 중성, 성전환한 사람의 구분도 없다. 한국에서 말하는 다시 싱글, 돌아온 싱글(돌싱)은 없다.

내 안에 잠잠하게 침잠해 있는 욕구와 한, 원망들을 묻어두고 앞으로 30년을 누구의 꼭두각시로 살 자신이 없었다. 더구나 이런 한을 품고 사는 것조차 모르게 하는 것은 남편을 속이는 꼴이 된다. 그도 위장(fake) 결혼 생활을 원하지는 않을 것이다. 나는 더 이상 '빛 좋은 개살구', '쇼윈도 부부'로 살 용기가 없다. 그 누구도 나의 행복을 지켜주지 않으며 내가 지켜야 함을 깨달은 것이다. 남편이라고 나의 행복을 빼앗을 권리가 없다. 또한 앞으로 남은 남편의 행복을 지켜주기 위해 내가 할 수 있는 마지막 존중은 떠나는 것이다.

04 매일 절박하게 행복하라

저자 조지 베일런트(George Vailant)가 쓴 책 『행복의 조건』에 인생에서 어떤 한 지점이 행복했다고 인생 전체가 행복하다는 섣부른 판단을 내릴 수 없다고 했다. 하지만 전반적으로 만족스러운 인생을 보낸 사람들에게는 공통적인 요인들이 있는데 그것은 건강이라고 했다. 행복에 집착한 나머지 자신을 돌보지 않아 건강을 망치는 사람들은 소중한 사람들도 잃게 되고 결국은 모든 것을 잃는다. 그런가 하면 정신 건강을 망쳐가며 시간의 소중함을 모르고 행복하기를 거부하는 사람들도 있다.

가장 해롭고 사람을 지치게 하는 습관은 자신을 비판하는 사람이다. 무한 비판하는 목소리를 머릿속에 품고 살면 너무 익숙해져서 그 존재를 의심조차 하지 않는다.

"난 진작 죽었어야 해."

"네? 왜요?"

"10년 전 허리 수술을 했는데 거의 죽다 살아났거든….'

"그러니 더 열심히 살아야죠!"

요양원에 계시는 한 한국 할머니께서 매일 하시던 말씀이셨다. 호주에 한국 이민 1세로 초창기에 이주해 오신 분이셨다. 아들을 따라온 것이니까 사실 할머니 의지는 아니었던 모양이다. 그렇지만 아들은 한국계 호주인으로 호주에 태권도를 알리셨고 성공한 애국자다. 아들 자랑도 하실 만큼 가족애와 자부심도 크셨다. 90세가 넘으셨지만 정정하시고 무엇보다 치매도 없으셨다. 지팡이 하나를 짚으시지만 원하시면 어디든 가실 수 있는 체력이다. 매일 할머니의 잦은 불평은 할머니께서 살아오신 모든 업적과 명예까지도 갉아먹는 것 같았다. 요양원에서 운영하는 피크닉, 노래하기, 종교 활동 등의 활동(activity) 프로그램에 참석하시라는 권유에도 한 번도 참석하지 않으셨다. 노인 우울증을 앓고 계셨다. 10년 전 죽다 살아나셨으니 덤으로 산다고 생각하신다면 인생이 얼마나 달라졌을까. 매일 '죽어야지.' 하며 죽음을 기다리는 시한부 인생을 사시는 것이다. 행복하기를 거부하시는 거다. 많이 안타까웠다. 할머니의 먼 친척뻘 유방암 친구는 하루를 더 살기 위해 치열하게 싸우고 있고 아침마다 깨어 있음에 감사 기도를 드리고 있었다. 친구에게는 아파하기도 아까운 시간 사치를 어떻게 설명해야 할지 마음이 절절했다. 할머니께서 좀 나누어주실 수 있다면 그러라고 하고 싶었다. 아니, 할머니께서 가지신 필요하지 않으신 시간을 친구에게 팔고 친구는 살 수 있다면 얼마나 좋을까. 이 불공평한 장난질하는 운명이 야속했다.

"다 됐나 봐!"

"나밖에 안 남았어. 나의 언니들이 지금 내 나이에 돌아가셨어."

"오래 살아 뭐해!"

어디서 많이 듣던 소리들을 엄마가 하고 계신다. 최근 기억(short term memory)이 둔화한 것을 엄마가 인지하시고 늘어놓으시는 넋두리다. 짱짱했던 엄마 다리가 후들거릴 때면 더 속상해하신다. '10년만 젊었으면'을 주문처럼 하시는 마음의 나이와 신체나이가 너무 차이 난다. 엄마는 매일 과거만을 회상하고 늙어가는 자신을 가엾이 여기는 연민에 빠져 계시니 삶의 질이 엉망이다. 엄마는 행복한 미래의 계획은 없고, 있다면 죽음을 기다리는 거다. 의사는 아주 관대했다. 엄마의 깜박거림은 나이에 비해 정상이라 진단이 내려졌다. 잠시 엄마는 엄청난 다행감으로 자존감을 지키셨지만 그래도 우울증이 있으니 치료받으라는 권유를 받았다. 정신병에 대한 편견이 불러온 오해로 격노한 엄마는 거부하셨다. 평생 호적에 이혼했다는 낙인이 싫어 찢어진 날개를 그대로 굳히고 살았는데 끝내 정신병 환자로 생을 마감할 수 없다는 고고한 자존심을 지키고 싶어

하신다. 약간의 치료에도 분명히 좋은 효과를 보실 수 있다는 설득을 완강히 뿌리치신다. 업어서라도 모시고 갈 수는 없는 노릇이었다. 엄마의 의견을 존중해서 자존감을 살려야 하는 게 우선이라는 생각이 들었다. 엄마의 절박한 현실은 기이하게 사그라져가고 있다.

이제 한국은 인간의 수명이 늘어나면서 60세를 기념하며 환갑잔치를 하는 사람은 없다. 70세의 진갑잔치도 잘 안 하신다. 예전엔 상상도 하지 않던 노인분들이 산을 타시고 해외여행 하시는 광경도 자주 본다. 건강하게 사시는 분들이 늘어나는 것은 좋은 사회 현상이다. 초고령의 시대에 맞추어 젊게 독립적으로 삶의 질도 높여야 한다. 절박하게 하루를 원하는 자와 일일이 여삼추처럼 사는 사람의 차이는 '감사함'이다.

호주 한 바퀴를 돌면서 사람 관찰에 많은 흥미를 가졌다. 대략 카라반들이 3~4톤 이상 되는 것들은 흔하다. 큰 사각의 이동식 집을 사륜구동 차에 매달고 전국을 다닌다. 대부분의 카라반을 달고 다니는 연령층은 70세에서 85세 정도의 노부부가 많다. 심심찮게 거동이 불편하신 분들도 다니신다.

한번은 커다란 4인용 캠퍼 밴(화물차를 캠핑카로 개조한 차) 여행자인데 지팡이 두 개를 가지고 절뚝거리며 걷는 분이셨다. 나는 이 불가사의한 역사적 인물을 잽싸게 영상으로 남겨 보존하고 있다. 카라반 여행의 서사시(epic)가 이어진다. 물 호스를 접고 전깃줄을 모으는데 어찌나 아슬아슬해 보였는지 나는 차 안에서 숨죽이며 보고 있었다. 옆에 계신 할머니도 도와줄 형편이 아니셨다. 물론 남보다 느렸지만 무슨 상관이던가. 마치 0.5배속의 강조하고픈 아름다운 몸짓은 눈부셨다. 나날을 소중히, 감사히 사는 노부부는 행복을 아는 사람임이 틀림없다. 뒤에서 영상을 찍고 박수를 치고는 가까이 다가가서 말을 건넸다. '천천히 행복을 낚으며 다니고 있다'는 인생철학에 또다시 교훈을 얻었다.

여행 중에 홍수를 만났다. 호주의 시드니와 퀸즐랜드에 태평양상의 수온이 3~5년을 주기로 상승하여 생기는 엘니뇨(El Nino) 현상으로 최근 몇 년 동안 홍수가 잦았다. 대도시를 떠나 작은 도시로 이어지는 많은 도로들은 2차선 도로가 많다. 다른 우회로가 없는 곳도 가끔 있다. 빠져나갈 길이 없어 카라반 파크에 5일 정도 묶여 있었다. 카라반 문화 중에 해피 아워(happy hour)가 있다. 보통 점심과 저녁 중간에 애프터눈 티(afternoon tea time)로 차를 마신다. 그런데 차나 커피 대신 이 카라반 여행자들은 술을 마신다. 마치 파티 전의 프리드링크(pre-drink)처럼. 옹기종기 모여 앉아 술과 과자, 치즈 등을 놓고 마시며 일찌감치 하루 마무리를 시작한다. 그러다 일몰을 함께 보기도 하고 저녁을 먹기도 한다. 그런데 이 해피 아워에 라이브 공연(live concert)이 있었다. 쌀쌀한 날씨에 캠프 파이어(camp fire)도 가운데에 크게 있었다. 그런데 노래를 부르는 사람들이 전속 가수나 예비 가수들도 아닌 노부부였다. 자기 카라반에 마이크, 스피커와 가라오케 기기를 싣고 다니며 여행 도중 재능 기부를 하신다고 했다. 그렇다고 그들 앞에 작은 성의를 모으는 뒤집힌 모자도 없었다. 물론 노래는 지나간 그들 세대의 포크송이었다. 느긋한 퀵 퀵 슬로우(quick quick slow) 가락에 맞추어 춤도 춘다. 와인 잔이 두어 번 비워지면 타오르는 불꽃만큼이나 사람들은 행복으로 불타오른다.

사람은 의미 있는 삶에 가치를 둔다. 삶의 가치에 따라 왜 사는지, 어떻게 살지를 알면 목적 지향적인 질 좋은 삶을 살게 된다. 하지만 삶의 가치가 없는 사람은 나이가 들면서 무엇을 해야 할지 몰라 삶이 무료해지니 시간이 길게 느껴지고 왜 사는지 재미가 없어진다. 곧 내가 살아 있음을 느끼지 못한다.

가치관은 내가 살아가는 과정을 설정하는 데 중요한 나침반과 같다. 평생 남의 눈치 보느라, 남들에게 보이기 위한 삶을 살아가면 그것은 내 가치관에 의해 사는 것이 아니다. 자신의 가치관이 무엇인지 신중하게 생각해보고 삶과 행동 속으로 어떻게 끌어들일지에 대해 계획하고 실천해야 한다.

인생 코치, 가이 리차드(Guy Reichard)의 조언은 가치관을 알 수 있는 방법으로 내가 생각하는 "완벽한 하루, 완벽한 일주일을 그려보는 것, 그러다 보면 내가 인생에서 어떤 것들을 가장 중요하다고 생각하는지를 알 수 있다."라고 했다.

다른 사람들의 어떤 점을 동경하는지 생각해보고, 내가 정말 원하는 것들이 무엇인지 생각해본다. 내 삶과 커리어를 가치관과 일치시켜서 내가 생각하는 이상적인 삶을 그려본다. 어디서 어떤 일을 하며 살지, 여가 시간엔 뭘 하며 보낼지 등 내가 골랐던 가치들과 최대한 일치하는 삶을 상상해보라고 했다. 꿈꾸는 삶을 살기 위해 해야 할 일을 떠올려 보고 실천하기 쉬운 것부터 단계별로 나누어 당장 실천한다.

05   나답게, 멋지고 당당하게

친구들이나 모임들을 만나고 오면 누구하고 있었는지에 따라 기분이
달라지는 경우를 경험한 적이 있다. 한 친구는 매우 조용하고 내성적인
성격으로 말을 많이 하는 편이 아니다. 대신 남의 말을 다 들어준다. 집
에 돌아와서야 스트레스도 풀고 잘 논 것 같은데 친구가 한 얘기가 생각
나지 않아 혼자 떠들다 왔다는 생각을 하고 미안해진다. 그뿐 아니라 친
구는 자주 손 편지를 써서 보내왔고 역시 말의 깊이가 하도 깊어 말로는
듣지 못할 '감동과 감사'가 느껴졌다. 긍정의 에너지를 받고 오면 숙연해
지고 성찰이 쉬워지고 넓은 마음의 그릇에 사랑이 채워지는 기분이다.

그런가 하면 만나면 부담이 되고 섞이기가 싫은 사람이 있다. 늘 훈계

하고 야단을 치는 듯해서 기죽은 학생의 느낌이 들게 하는 사람, 싸울 것 같은 높은 목소리로 자기주장만 하는 사람도 있다. 헤어지고 나면 기분이 떡이 될 정도로 꾸덕꾸덕해진다. 이런 부정적인 에너지를 뿜는 사람과의 관계는 오래가지 않는다. 결국은 그들은 스스로 외로워지고 고립된다. 안타깝게도 그런 사람들은 메타인지마저 떨어져 자신이 무슨 결함이 있는지 사람들에게 어떤 부정적 에너지를 끼치는지도 인지하지 못한다.

행복 바이러스를 퍼뜨리는 사람 곁에 있으면 좋은 기운을 느낀다. 여행하다가 그림이 좋은 엽서를 사곤 한다. 그중 한 장은 큰 거울 위에 붙여 놓고 매일 아침 따라 웃으며 바이러스를 묻힌다. 6명의 70대쯤 보이는 할머니들이 빨간 목욕 타월을 두르고 섹시하게 목욕탕 나무 의자 위에 앉아 있는 사진이다. 노인들의 자지러지게 웃는 모습을 담은 것인데 보고 있으면 내가 꼭 그 자리에 함께 있는 양 따라 웃게 된다. 각각의 스토리가 있는 것 같은 사진 속 할머니들의 웃는 표정을 읽는 것만으로 한참을 보게 된다. 각 할머니들의 웃음 속으로 묻어 나오는 내면의 아름다움이 너무 예뻤다. 그녀들은 모두 다 장한 영웅들이다. 만개한 행복 바이러스의 엔도르핀의 전염력은 강력하여 나의 하루를 즐겁게 만들곤 했다.

그런가 하면 불행은 꼭 남으로부터 부정적 에너지를 받는 것만이 아니라 자신이 하는 부정적 사고 습관으로도 불러올 수도 있다. 부정 에너지를 내는 사람을 멀리하면 쉽게 전파력에서 멀어질 수 있다. 하지만 자신이 하는 부정적인 사고 습관은 잘라내도 자라는 독과 같아서 굳은 의지와 깨달음이 없으면 고치기 쉽지 않다.

심리학자 엘레나 산즈(Elena Sanz)는 "사람의 에너지는 제한되어 있어서 너무 많이 운동하면 결국 피로감을 느끼게 된다. 정신 및 정서적 자원은 무한하지 않아서 그 자원을 어디에 투자할지를 매일 선택해야 한다."라고 말했다.

나는 에너지를 낭비하는 부정적인 사고 습관으로 자주 하는 생각, 걱정, 자신에 관해 변명하고 사과하기 등을 다 가지고 있었다는 것을 나중에야 알았다.

난 남편에게 나를 설명하거나 내가 왜 그랬는지를 사과하고 더 많이 헌신할 수 없었던 것에 관해 미안한 마음을 느꼈다. 자존감이 크게 결여된 나의 행동은 나의 에너지를 고갈하고 취약하게 만들었다. 언제나 그의 기대에 부응하려는 의무를 갖고 살았던 것이 그를 사랑하는 것이라고 착각하였다. 이런 부정적 사고 습관으로 그가 화를 내고 잠잠해지면 나의 잘못으로 일어난 일 같아 속상했다. 남편을 이해시키려는 모든 노력으로 에너지를 소진했었다. 그리고 나면 남편은 풀어져도 나는 다행감에서 가늘게 새어 나오는 웃음 광대가 되었다. 그러니 건강하지 못한 결혼생활의 큰 잘못은 내게도 있었다. 나의 감정에 솔직하지 못하고 목소리를 잃은 것은 나의 부정적인 사고 습관으로 초래된 결과였다.

또 엘레나 산즈는 "자신의 행동과 결정을 조화롭게 하는 것을 목표로 삼아야 한다."며 부정적인 사고 습관을 고치는 방법을 제시했다. 변화는 필수이며 자신의 동의 여부와 관계없이 생긴다. 더 에너지를 낭비하기를 원하지 않는다면 현실을 직시하고 눈앞의 기회에 집중하는 것이 가장 확실한 방법이라 했다. 나를 천천히 파괴하는 유대관계를 청산하는 것이 우선이었다. 절대로 나의 능력으로 남편을 바꿀 수 없었으니 선택한 이혼은 불가피한 것이었다. 서로의 남은 미래를 위해 몸과 마음이 건강해지려면 각자의 에너지를 보존하는 격변을 일으켜야 했다.

　나의 삶의 가치를 '나답게, 멋지고 당당하게 산다'로 바꾸었다. 세계여행을 하며 미지의 곳에 새로운 자연과 사람들을 만나고 자유로운 영혼으로 사는 삶의 스타일(life style)을 선택했다. 모든 에너지를 나 자신에게 쏟아붓고 웰빙에 투자하기로 했다. 즐거운 방랑자(nomad)로 살기로 했다. 캠핑카를 만들어 2년 동안 호주 한 바퀴를 돌며 매일 꿈을 먹고 행복 삼키기를 연습했다. 새로운 밖의 세상을, 살짝 소름 돋는 긴장감과 몸을 부딪쳐 내는 땀 냄새로 성취감을 맛봤다. 그렇게 행복은 내 안에서 자꾸만 생성되는 줄 알았다. 나의 제한된 긍정의 에너지도 2년이 되니 고갈이 되고 있었다. 캠퍼 밴을 24시간 유지하려면 충분한 연료가 필요하다. 전기로든 태양열이든 휘발유로든 배터리를 충전해야 한다. 주로 태양열에 의존하지만 구름이나 비 오는 날에는 전기를 직접 꽂아야 한다. 이도 저도 안 되면 주행 충전으로라도 해야 냉장고를 돌리고 휴대폰 충전을 한다.

2년 동안 내 안에 꽉 채워놓은 배터리를 쓰기만 하고 채워주지를 않은 것이다. 엄밀히 말해서 그냥 아무 제한도 받지 않고 사는 자유를 원했었다. 큰 계획 하나, '호주 한 바퀴'라는 목표만 가지고 떠난 여행이었다. 집시의 삶이었다. 생각도, 계획도 하지 않고 '가면서 해결하고 해결 못하면 말고'라는 무계획이 계획이었다. 힘들면 한 곳에 일주일, 3주도 쉬었고 쉬는 곳이 마음에 안 들면 다음 날 떠나면 되었다. 만나는 여행객들이 말을 걸면 하고 하기 싫으면 캠퍼 밴에서 나오지 않기도 며칠 동안 했다. 비싸서 절대로 해보지 못했던 말도 타고 낙타도 타고 경비행기를 타고 투어도 갔다. 자유롭게 세상을 내 맘 내키는 대로 살았다.

그리고 나니 그 즐거웠던 노마드의 삶도 조금은 식상해졌다. 지루함의 일상은 나답지 못했다. 무한한 행복은 없는 듯했다. 예견되는 불행은 걸러내야 했고 나의 멋지고 당당한 삶의 스타일을 유지하기 위해 업데이트 (update)를 해야 했다. 엑스트라로 배터리 보급을 받을 곳을 찾은 곳이 한국이었다. 노모를 간호한다는 기가 막힌 명분도 생겼으니 딱 맞는 기회였다. 부정적인 사고 습관으로 되돌아가기 전에 나의 계발, 나의 성장을 위해 주저함을 멈추고 겸허하게 배운다는 마음을 가졌다. 안이한 생각으로 뒤처진 디지털 세계에 제대로 입문하여 날마다 새로워지는 것들을 익히고 있다. 디지털 노마드로서 좀 더 효과적이고 기능적인 삶으로 윤기 나는 행복을 만들고 있다. 다행히도 넉넉하게 가진 것은 시간과 인내뿐이니 마음껏 배려한다.

엄마는 늘 '내가 10년만 더 젊었더라면….'이라고 말씀하시며 나이에 집착하신다. 심지어 중년들도 새로운 것에 도전하지 못한다는 못생긴 변명을 늘어놓는다. 여행 중 하루는 내 옆에서 텐트를 접고 계시는 할아버지를 만났다. 자전거 여행을 하시는 노인은 80대 후반이었다. 그때까지 60개국을 돌아다니셨고 지금은 몸이 쇠약해 건강의 이유로 호주에서만 한다고 했다. 페달 자전거는 힘에 부쳐서 비록 전동 자전거로 바꾸셨지만 포기하지 않으셨다. 자전거에 페니어(자전거 가방)를 달고 캠핑 기어(camp gear)를 넣고 텐트까지 치시면서 먼 곳은 자전거를 기차에 싣고 점프(자전거 용어로 거리 단축을 위해 건너 뜀)를 하신다고 했다. 그야말로 나이는 숫자에 불과했다. 존경스러웠다.

앞으로의 나의 10년은 나에게 투자하고 다음 10년은 좋아하는 것을 하며 나답게 살 거다. 캠핑카 여행이 가능한 곳이면 차로 이동하여 자연과 만나고 그렇지 않으면 자전거로 천천히, 그것이 용이하지 못하면 배낭을 메고 직접 땅을 밟으면 된다. 긍정의 에너지를 뿜는 사람이 되어 가는 곳마다 빛을 비추고 성장 에너지를 받으면서 성숙한 사람이 되어가고 싶다.

독자들이여!

미래를 위해 오늘을 의미 없는 고통 속에 살지 마라.

'나는 정말 무엇을 할 때 좋아하는가'를 찾아 삶의 가치를 정하라.

그 가치를 지키며 살 수 있는 내 인생의 '삶의 스타일'을 구성하라.

그러면 나답게, 멋지고 당당하게 행복을 누리며 살 수 있다!